L'appréciation
DES PERFORMANCES
AU TRAVAIL

De l'individu à l'équipe

Du même auteur

La convention collective
Savoir la négocier, l'interpréter, l'appliquer
Édition revue et augmentée,
2003, 522 pages, ISBN 2-7605-1242-8

PRESSES DE L'UNIVERSITÉ DU QUÉBEC
Le Delta I, 2875, boulevard Laurier, bureau 450
Sainte-Foy (Québec) G1V 2M2
Téléphone: (418) 657-4399 • Télécopieur: (418) 657-2096
Courriel: puq@puq.ca • Internet: www.puq.ca

Distribution :

CANADA et autres pays
Distribution de livres Univers s.e.n.c.
845, rue Marie-Victorin, Saint-Nicolas (Québec) G7A 3S8
Téléphone: (418) 831-7474 / 1-800-859-7474 • Télécopieur: (418) 831-4021

FRANCE
Distribution du Nouveau Monde
30, rue Gay-Lussac, 75005 Paris, France
Téléphone: 33 1 43 54 49 02
Télécopieur: 33 1 43 54 39 15

SUISSE
Servidis SA
5, rue des Chaudronniers, CH-1211 Genève 3, Suisse
Téléphone: 022 960 95 25
Télécopieur: 022 776 35 27

L'appréciation
DES PERFORMANCES
AU TRAVAIL

De l'individu à l'équipe

JEAN-CLAUDE BERNATCHEZ

2005

Presses de l'Université du Québec
Le Delta I, 2875, boul. Laurier, bur. 450
Sainte-Foy (Québec) Canada   G1V 2M2

Catalogage avant publication de la Bibliothèque nationale du Canada

Bernatchez, Jean-Claude

    L'appréciation des performances au travail : de l'individu à l'équipe

    Comprend des réf. bibliogr.

    ISBN 2-7605-1246-0

    1. Personnel – Évaluation. 2. Rendement au travail. 3. Équipes de travail – Évaluation
4. Efficacité organisationnelle – Évaluation. I. Titre.

HF5549.5.R3B475 2003   658.3'125   C2003-941189-3

Nous reconnaissons l'aide financière du gouvernement du Canada
par l'entremise du Programme d'aide au développement
de l'industrie de l'édition (PADIÉ) pour nos activités d'édition.

Révision linguistique : MIREILLE CÔTÉ

Mise en pages : INFO 1000 MOTS

Couverture : RICHARD HODGSON

1 2 3 4 5 6 7 8 9 PUQ 2005 9 8 7 6 5 4 3 2 1

Dépôt légal – 3ᵉ trimestre 2003
Bibliothèque nationale du Québec / Bibliothèque nationale du Canada
Imprimé au Canada

À mon épouse Nicole

■ AVANT-PROPOS

L'idée de rédiger cet ouvrage remonte à une vingtaine d'années. Nous étions alors dans la grande entreprise assumant une direction des ressources humaines. Par la suite, notre enseignement en gestion des ressources humaines nous a donné l'occasion d'approfondir le sujet. Nous avions alors produit un guide d'évaluation des performances des cadres qui a été implanté dans plusieurs entreprises. Notre préoccupation à l'égard de l'appréciation des performances a ainsi été soutenue par les demandes instantes du monde du travail.

Par la suite, avec des collègues européens, nous avons formé l'Association internationale de recherche sur le travail. Le premier congrès de Québec en 2001 portait d'ailleurs sur les meilleures pratiques en ressources humaines et en relations de travail. Ce congrès souligna notamment l'importance stratégique des ressources humaines, qu'une méthode évaluative bien pensée pouvait permettre de valoriser, de motiver et de rassembler, pour l'avenir de l'organisation et de ses membres. Ce contexte d'échanges stimulants se juxtaposait à l'héritage laissé par tant de discussions antérieures sur l'appréciation des performances avec des membres de la communauté universitaire, étudiants ou professeurs. C'est ainsi que l'idée de ce livre surgit.

Comment une entreprise pourrait-elle remplir sa mission sans se préoccuper de mesurer les performances de ses employés ? Voilà une question centrale, difficile et incontournable. Toutefois, le fait que cette question soit difficile à traiter ne nous dispense pas de nous y intéresser. Nous savons que les membres de diverses entreprises s'acquittent habilement de cette noble responsabilité tandis que d'autres, ne sachant trop comment s'y prendre, n'y arrivent pas. Pourtant, qui mieux que les ressources humaines pourraient donner une idée juste de leur contribution au succès de l'organisation ? Ainsi, en matière d'appréciation des performances, les difficultés sont davantage reliées aux moyens qu'aux compétences puisque les membres des organisations sont généralement en mesure de relever les défis d'une approche évaluative réussie. Encore faut-il qu'ils disposent d'un programme appréciatif qui tient la route. Voilà le principal objectif de cet ouvrage : établir une réflexion et offrir des moyens susceptibles de soutenir les personnes intéressées dans la mise en œuvre d'un solide programme d'appréciation des performances.

Plusieurs personnes méritent nos remerciements. Notre assistant de recherche, Jean-François Dragon, a mis d'emblée la main à la pâte, spécialement au plan de la recension d'écrits. Par la suite, des avis furent reçus de quelques praticiens chevronnés tant en Europe qu'au Canada. En France, Sylvaine Delhommelle du Groupe Batigère et Anne-Marie Hauuy des Caisses d'Épargne, ont jeté un regard éclairé sur un premier document. Nous ne pouvons mentionner l'ensemble des Canadiens qui nous ont soumis leurs idées fort pertinentes sur le sujet. Pensons spécialement à messieurs Robert Pilotte, chargé d'enseignement à l'Université du Québec, et Michel Boudreault, directeur des ressources humaines du Centre hospitalier universitaire de Québec.

L'appréciation des performances constitue une dimension opérationnelle de la réussite de toute organisation. Nous avons tenté d'exposer les principes et les cadres conceptuels qui s'y rapportent sans omettre l'essentiel des techniques susceptibles de guider une pratique professionnelle avertie.

■ TABLE DES MATIÈRES

■ INTRODUCTION

Gérer la performance constitue un défi à la fois pour la direction de l'entreprise et pour l'ensemble des individus concernés. Bien que l'idée d'apprécier les performances relève d'un simple principe de justice distributive, celle-ci n'en soulève pas moins certaines réticences. En effet, parmi les programmes de gestion des ressources humaines, l'appréciation des performances est probablement celui pour lequel on observe le plus grand écart entre le projet et la réalité. Toutefois, elle revêt un caractère quasi incontournable dans l'entreprise, il importe donc de la réaliser avec éthique et objectivité.

De quoi s'agit-il au juste? Les enjeux de l'appréciation des performances fluctuent largement selon les entreprises et les individus en cause. Est-elle implantée à des fins de productivité ou de dialogue social? Est-il souhaité d'apprécier les performances individuelles, les résultats d'équipe ou les deux à la fois? La diversité des enjeux augmente la complexité du programme. En outre, elle détermine son contenu et ses résultats.

En effet, plus le programme d'appréciation des performances vise des fins diversifiées et revêt un caractère complexe, plus ce dernier sera difficile à réaliser.

Les résultats d'un programme d'appréciation des performances sont à la mesure des objectifs qu'il entend réaliser. Un tel programme peut ne pas donner les résultats escomptés notamment si certains objectifs sont contradictoires. Par exemple, la portée d'un objectif relatif à la rémunération sera différente de celle d'un objectif de relation d'aide. Néanmoins, un programme réaliste d'appréciation des performances peut valablement soutenir une entreprise dans la réalisation de sa mission.

Une organisation soucieuse de mener à terme un projet d'appréciation des performances traduit d'abord son intention dans un programme qui établit les balises d'usage. Définir les termes utilisés dans le programme et prendre le temps de faire les distinctions conceptuelles utiles en fonction de la culture de l'entreprise et des objectifs poursuivis constitue certainement un atout stratégique. Quant au contenu du programme, il est à la mesure des résultats souhaités. Limiter l'appréciation aux contributions individuelles, tenir compte des réalités productives des équipes de travail, se doter d'une approche multisource, voilà certes des choix stratégiques initiaux qui déterminent grandement le contenu du programme d'appréciation des performances.

Les individus qui œuvrent en organisation sont en quelque sorte un sous-système de cette dernière. Par conséquent, leurs performances globales ne seront jamais supérieures à celles de l'organisation. La performance se conçoit autant au niveau organisationnel qu'au niveau individuel. Pour développer véritablement la performance des individus, il importe que ceux-ci soient intégrés dans une organisation qui répond elle-même à des critères de performance. Cette condition systémique conditionne les possibilités de produire des appréciations équitables pour tous les membres de l'entreprise.

La formulation d'une appréciation des performances exige l'établissement de critères liés à des objectifs de travail, à des champs de fonction ou à des opérations d'emploi ainsi qu'à des caractéristiques individuelles qui sont d'ordre qualitatif ou quantitatif. Ces critères sont insérés dans des méthodes d'appréciation allant de l'appréciation ouverte à l'échelle cotée. En fait, les façons de faire à cet égard fluctuent selon que les jugements appréciatifs portés proviennent d'un seul ou de plusieurs appréciateurs, ou selon qu'il s'agit d'apprécier les contributions d'un individu ou celles d'une équipe de travail.

Il faut aussi faire preuve de prudence en ce qui a trait à la mesure des performances. Évidemment, les réalités à apprécier sont parfois difficilement mesurables. Le choix des critères s'infère logiquement du contenu réel du travail individuel ou des projets d'équipe, car il s'agit d'apprécier les résultats de la présence d'un individu dans l'entreprise plus que la personne elle-même. En ce domaine sensible, il est essentiel de distinguer l'être de l'agir. Le poids relatif des critères les uns par rapport aux autres revêt également son importance. Le but est de produire une appréciation équitable et objective qui se prêtera à une gestion conforme aux visées du programme mis en place.

L'objectif du présent ouvrage est, d'une part, d'explorer les connaissances les plus pertinentes en matière de gestion ou d'appréciation des performances et, d'autre part, de dégager les aspects appliqués des connaissances précitées pour l'entreprise. Essentiellement, la démarche proposée entend promouvoir l'utilisation de critères objectifs ou mesurables. Inversement, des critères subjectifs ou non mesurables minent la réputation de l'appréciation des performances. Cette dernière est déjà suffisamment sensible pour que l'on souhaite éviter de lui donner une couleur problématique au départ. Par conséquent, la recherche d'un niveau optimal d'objectivité et d'éthique s'impose en ce domaine.

CHAPITRE 1

L'appréciation des performances est tributaire de la culture de l'entreprise. Elle tient normalement compte des réalités des employés et des défis de l'organisation. Ses composantes et sa finalité sont étroitement associées aux valeurs organisationnelles.

L'appréciation des performances occupe une place importante dans la stratégie d'affaires, car elle représente un lien fonctionnel entre l'organisation et ses membres. Pour construire ce lien, elle s'actualise généralement par étape dans le cadre d'un cycle appréciatif. L'appréciation mobilise alors des intervenants responsables de fixer des critères ou de porter un jugement sur la valeur des contributions professionnelles des individus ou des équipes de travail.

L'objectif du présent chapitre est d'établir un cadre de référence afin d'introduire les concepts et les principes essentiels de l'appréciation des performances, et de saisir les liens utiles entre ses principales composantes.

L'appréciation des performances constitue un domaine d'intervention sensible où règne souvent une certaine confusion terminologique. Il importe d'établir d'emblée les définitions pertinentes, car le sens attribué aux concepts revêt un caractère important.

1.1. LES DÉFINITIONS

En matière d'appréciation des performances, plusieurs expressions peuvent servir à qualifier des réalités similaires ou analogues. Les concepts d'évaluation et d'appréciation concernent le processus lui-même. Pour ce qui est des résultats attendus, les mots « rendement » et « performance » sont plus utilisés en Amérique qu'en Europe. Quant à la notion de compétence, elle relève plutôt du domaine de la gestion proprement dite que de celui de l'appréciation au sens strict du terme.

1.1.1. Les concepts généraux

Les principaux concepts rattachés à l'appréciation des performances ont rapport avec l'appréciateur, l'apprécié, les critères mis à leur disposition et, finalement, la notion de performance qui provient essentiellement de l'application d'un programme.

DEUX ACTEURS INCONTOURNABLES : L'APPRÉCIATEUR ET L'APPRÉCIÉ

L'appréciateur et l'apprécié sont deux acteurs incontournables dans la mise en œuvre du programme. L'appréciateur est la personne chargée de formuler ultimement une appréciation. En contexte individuel, il s'agit normalement du supérieur hiérarchique de l'apprécié. Dans le cas de l'appréciation multisource, l'appréciateur est représenté par plusieurs individus tels que le supérieur hiérarchique et le subalterne de l'apprécié, s'il y a lieu, ainsi que des collègues qui interviennent directement ou indirectement dans ses réalisations. En outre, l'appréciateur et l'apprécié doivent comprendre l'importance de cette opération pour l'entreprise, car exiger d'eux qu'ils s'y soumettent sans y croire reviendrait à délaisser le programme en question ou, pis encore, à faire en sorte que l'appréciation produise davantage de problèmes que de solutions.

CRITÈRE

Un critère est une caractéristique qui permet de distinguer une valeur d'une autre ou une contribution professionnelle d'une autre. Par conséquent, il sert d'appui dans la formulation d'une opinion, d'une appréciation ou d'un jugement. Un critère est un standard servant à prendre la mesure de quelque chose. Par souci de compréhension et pour les fins de notre démarche, un critère équivaut à un facteur que l'on pourrait aussi appeler un descripteur ou un indicateur, lesquels se traduisent en objectifs, en champs de fonction ou en caractéristiques individuelles. Tous ces concepts peuvent être utilisés à une même fin, soit apprécier la contribution d'un individu ou d'une équipe en contexte de travail. Ainsi, un critère doit fournir une base de comparaison apte à distinguer efficacement différents niveaux de performance (Dalton, 1996).

1.1.2. L'appréciation des performances ou l'évaluation du rendement

Faut-il parler d'appréciation des performances ou d'évaluation du rendement? Dans les faits, les deux renvoient à une même réalité et sont donc étroitement associés. Néanmoins, l'usage leur a donné leur portée et leur sens respectifs. L'expression « appréciation des performances » semble *a priori* plus positive que celle « d'évaluation du rendement ». Celle de « performance » fait référence à des éléments tels que la réussite, l'exploit, les capacités professionnelles ou le potentiel en carrière. L'évaluation du rendement évoque surtout l'idée de mesurer la production d'une personne par rapport à une norme. Tout comme l'appréciation des performances, elle renvoie donc à l'efficacité dans le travail. Néanmoins, si l'on s'en tient au sens usuel du langage, l'appréciation des performances revêt un caractère plus humanisant.

APPRÉCIATION OU ÉVALUATION

L'individu préfère naturellement l'idée d'être apprécié à celle d'être évalué. Le rendement se conçoit davantage pour des systèmes technologiques ; nul ne s'objectera en effet à ce que le rendement de telle machine soit évalué, quantifié et comparé. Lorsqu'il s'agit de la production humaine, cependant, l'employé est soutenu et guidé afin qu'il puisse donner le maximum de lui-même. Et, lors d'une insuffisance de résultats, l'humain a besoin de plus qu'un simple ajustement ou une simple réparation. Ainsi, la notion d'appréciation ne règle pas tout, mais elle comporte une connotation plus positive que celle de rendement.

COMPÉTENCE ET PERFORMANCE

Les notions de compétence et de performance sont analogues ou distinctes selon le contexte. La compétence est la capacité reconnue appliquée aux domaines du savoir-être et du savoir-faire. Il peut s'agir de compétences individuelles ou d'équipe. C'est la faculté reconnue dans telle ou telle matière, et qui donne le droit d'en juger. On parle aussi de compétence pour désigner l'aptitude d'une autorité dans l'exercice de certains actes ou dans le jugement d'une affaire.

La performance implique des notions de capacités humaines et de charge de travail. Elle évoque des aptitudes, des attitudes et des connaissances (Gawron, 2000). On y trouve en outre l'idée de réussite dans le travail. Être performant signifie d'abord et avant tout satisfaire aux exigences de son contrat de travail. Il s'agit essentiellement d'un résultat anticipé, individuel ou collectif, dans l'exécution d'une tâche, d'une fonction ou d'un emploi.

En contexte d'entreprise, il est d'usage de privilégier la notion de performance, spécialement dans une perspective d'amélioration continue. La solution réside certes au-delà des mots. Au fond, c'est plutôt une pratique évaluative désuète, et dans une certaine mesure maladroite, qu'il faut repenser (Moulinier, 1998). Quant aux qualificatifs utilisés, ils sont normalement en relation avec la culture d'entreprise qui les fait naître et se développer.

1.1.3. La distinction entre un programme et une méthode

Faut-il faire une distinction entre les notions de « programme » et de « méthode » ? Certes oui ! Un programme d'appréciation représente l'énoncé des éléments propres à fournir un bilan des performances. Une méthode d'appréciation des performances fournit, notamment, un instrument de mesure dont le fonctionnement consiste à porter un jugement sur les résultats du travail d'une personne en utilisant généralement des critères comme points de référence essentiels. Elle a donc une portée plus restreinte qu'un programme. Par conséquent, un programme d'appréciation peut comprendre une ou plusieurs méthodes d'évaluation.

1.2. LE MODÈLE D'ANALYSE

Le succès d'un programme d'appréciation des performances dépend de l'existence de certaines conditions dans l'organisation. Celles-ci sont notamment liées au caractère stimulant de la culture organisationnelle et à la présence d'une justice distributive dans le site de travail. Tout programme d'appréciation des performances requiert la mobilisation d'appréciateurs qui jouent un rôle de source appréciative. Traditionnellement, les organisations ont confié ce rôle au supérieur hiérarchique ; la source appréciative est alors unique. Néanmoins, on constate l'émergence du recours à des sources multiples d'appréciation dans le cadre d'approches comme la rétroaction à 360 degrés, aussi appelée multisource. L'appréciation des performances exige alors la participation de plusieurs personnes. Soulignons finalement le fait qu'un programme participatif d'appréciation des performances confie un rôle actif à l'apprécié dans la formulation de l'appréciation, que la source évaluative soit unique ou multiple.

Tout programme d'appréciation comporte des critères à l'intention des appréciateurs et des appréciés. Ces critères se regroupent en trois catégories : les objectifs de travail, les champs de fonction et les caractéristiques individuelles. Les organisations situent leur démarche dans le cadre de une ou plusieurs méthodes appréciatives, par exemple, le rangement, la coappréciation ou la distribution forcée. Quelle que soit la méthode choisie, les appréciateurs visent à produire une appréciation à l'intention de un ou plusieurs appréciés, ou encore de une ou plusieurs équipes dans l'organisation. Essentiellement, ce sont là les clientèles visées par le programme. En effet, la finalité de l'appréciation est individuelle ou collective : individuelle, s'il s'agit d'apprécier le travail d'un employé ; collective, s'il s'agit d'évaluer les contributions d'équipes de travail ou de l'organisation dans son ensemble.

Les jugements portés par les appréciateurs en coopération avec les appréciés sont ensuite traités à l'aide d'un instrument de mesure ; il s'agit généralement d'un formulaire qui permet de transmettre une appréciation claire et compréhensible. Finalement, l'ensemble des résultats de la démarche d'appréciation est intégré, d'une manière ou d'une autre, dans la vie de l'organisation afin d'appuyer diverses décisions administratives et de soutenir l'apprécié dans son cheminement de carrière.

Les principales composantes de l'appréciation des performances font l'objet d'une présentation à la figure 1.

1.3. LE PROGRAMME D'APPRÉCIATION

Le programme doit prendre en compte à la fois les besoins des individus et ceux de l'organisation. Normalement, en plus de tenir compte des réalités de son milieu d'insertion, soit l'entreprise, il doit satisfaire à un certain nombre d'exigences, spécialement aux plans de son utilité et de sa sensibilité. Dès lors, le programme d'appréciation trouve naturellement sa place dans l'entreprise.

PORTÉE ET OBJECTIFS DU PROGRAMME

Certains programmes d'appréciation sont conçus pour une fin précise comme dans le cas de l'évaluation des résultats du travail des nouveaux salariés en probation. D'autres programmes ont évidemment une portée beaucoup plus large pouvant aller de l'appréciation cyclique des réalisations individuelles à la gestion de la carrière. En outre, un programme d'appréciation des performances conçu, par exemple, pour des salariés d'usine sera différent de celui destiné à des cadres. Dans tous les cas, il doit être d'une compréhension facile pour les appréciateurs et les appréciés, lesquels doivent aussi le considérer comme utile et pertinent (Petit *et al.*, 1993). Quelle que soit la raison d'être des programmes d'appréciation des performances, les reproches les plus souvent cités consistent à dire qu'ils ne contribuent pas suffisamment à la motivation et au développement personnel des individus (Lawler, 1994). Il importe donc que les objectifs visés par ces programmes répondent à des besoins clairement exprimés.

FIGURE 1
Modèle de l'appréciation des performances

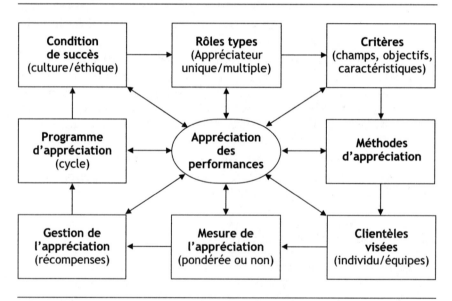

OBJECTIFS MULTIPLES

Les objectifs d'un programme d'appréciation sont multiples. En outre, ils varient selon le contexte de l'organisation. Voici les plus importants :

- ♦ reconnaître les contributions au succès, aux objectifs ou à la mission de l'organisation ;
- ♦ permettre à l'apprécié d'améliorer la qualité de son travail ;
- ♦ maintenir ou augmenter la motivation et la satisfaction des individus en contexte de travail ;

♦ guider la gestion de l'entreprise dans des créneaux tels que le plan de perfectionnement du personnel, la mobilisation et la planification des ressources humaines ;

♦ contribuer au fonctionnement ou au développement de l'entreprise.

De tels objectifs produiront normalement des effets tangibles sur le bon fonctionnement de l'organisation. Néanmoins, une certaine réserve s'impose dans le nombre des objectifs formulés : trop important, il masque généralement l'absence d'une véritable cible à atteindre (Galambaud, 1983). Essentiellement, un programme d'appréciation des performances concerne trois entités conjuguées : l'entreprise, l'équipe et l'individu.

1.4. LES RÔLES DES INTERVENANTS

Les intervenants les plus importants sont la haute direction de l'entreprise, le service des ressources humaines, qui administre normalement le programme, ainsi que les deux piliers du processus, soit l'appréciateur et l'apprécié. Ces quatre catégories d'intervenants ont des rôles distincts et complémentaires, leurs actions devraient s'exercer en souplesse et sous le signe de la coopération, car tout ne peut faire l'objet d'une prévision. Toutefois, la planification d'une démarche est nécessaire et les rôles des intervenants doivent être optimisés ou balisés adéquatement. Ainsi, la direction introduit les valeurs propres à donner un envol à l'appréciation des performances alors que le service des ressources humaines coordonne le fonctionnement du programme. Quant à l'appréciateur et à l'apprécié, ils planifient et réalisent la performance. Tous les rôles se trouvent ainsi conjugués.

1.4.1. Le rôle de la direction

Il appartient à la haute direction de jouer le premier rôle. En effet, celle-ci est largement tributaire de la philosophie de l'entreprise. La direction gère le programme d'appréciation par l'entremise du service des ressources humaines. Outre qu'il doit normalement construire et proposer le programme, le service des ressources humaines assume logiquement la planification et le contrôle du processus appréciatif. Par exemple, il veillera à ce que des appréciations soient formulées sur une base ponctuelle, soit lors d'une embauche ou d'un départ de l'organisation, ou encore lors d'une mutation dans l'entreprise, et sur une base cyclique, soit du début jusqu'à la fin d'une période appréciative de référence, par exemple, tous les ans ou tous les deux ans.

1.4.2. Les rôles de l'appréciateur et de l'apprécié en contexte individuel

L'appréciateur et l'apprécié jouent un rôle privilégié dans l'élaboration des objectifs de travail et des plans d'action. Le programme doit le mentionner formellement. Bien que le rôle d'appréciateur soit souvent attribué au supérieur immédiat, celui-ci ne participe que rarement à l'élaboration du formulaire d'appréciation (Rothwell, 1993), ce qui limite le caractère opérationnel de l'outil. En outre, la consultation des appréciés fournit une information pertinente et concrète sur les attentes du personnel et de la clientèle face aux objectifs poursuivis. En clair, il est préférable que l'organisation spécifie les objectifs qu'elle désire voir atteindre par les employés en prenant en considération leurs opinions ainsi que celles de leurs supérieurs hiérarchiques.

L'appréciateur et l'apprécié ont leurs propres responsabilités dans la gestion de l'appréciation. La première responsabilité de l'appréciateur est d'accepter que les résultats de son travail soient eux-mêmes appréciés. En effet, se dérober à l'appréciation, surtout pour un cadre supérieur, est probablement la meilleure façon de réduire l'importance stratégique du programme d'appréciation des performances (Moulinier, 1998). L'appréciateur doit notamment s'assurer que :

♦ les priorités de l'organisation, de la direction ou du service soient définies et que les réalités du travail de l'apprécié soient considérées ;

♦ l'apprécié planifie sa performance selon l'approche prévue et soit adéquatement soutenu dans cette démarche ;

♦ l'adéquation entre les réalités observées et les critères fixés soit réévaluée en temps opportun ;

♦ l'apprécié soit consulté dans la formulation de l'appréciation.

Pour sa part, l'apprécié doit comprendre la pertinence du processus appréciatif et des moyens qu'ils comportent. Il doit surtout avoir l'impression de participer à la formulation de la photographie de sa performance. À cet égard, il peut jouer un rôle actif de plusieurs façons :

♦ s'impliquer dans le choix des critères selon lesquels sa performance sera appréciée ;

♦ orienter son travail en fonction de priorités préalablement définies ;

♦ réévaluer sa démarche en cours de période ;

♦ intervenir dans l'examen final des résultats.

De plus, son implication l'amènera à vérifier que :

♦ les priorités lui sont transmises par l'appréciateur ;

♦ les besoins à satisfaire dans le cadre de son travail, qu'il s'agisse des besoins internes ou externes à l'organisation, sont pris en compte dans le processus ;

♦ le déroulement de son travail ou l'exécution de sa fonction est conforme aux critères fixés ;

♦ son appréciation respecte les procédures et les critères établis.

Finalement, les deux intervenants, soit l'appréciateur et l'apprécié, constituent un dossier d'appréciation où les pièces au soutien de la performance sont colligées. Les rôles que les intervenants s'attribuent mutuellement dans la formulation de l'appréciation sont variables. Ils sont notamment en relation avec la culture organisationnelle et, plus spécifiquement, avec la philosophie du programme.

Certaines organisations s'en tiennent à une appréciation formulée par un appréciateur, puis transmise à l'apprécié sans qu'il soit fait appel à son opinion. Cette pratique est, en principe, à proscrire. D'autres approches appréciatives incluent la participation active de l'apprécié à qui l'on demande, d'une part, de proposer une cotation et, d'autre part, de formuler des commentaires. Finalement, certains programmes, en plus de fournir à l'apprécié l'occasion de participer véritablement à la formulation de l'appréciation, vont jusqu'à lui offrir un recours interne formel en cas d'insatisfaction face à l'appréciation déposée à son dossier. Les rôles de l'appréciateur et de l'apprécié sont concomitants. Le rôle que l'appréciateur s'attribue dans la formulation de l'appréciation influe davantage sur la participation de l'apprécié au processus que tout autre élément de contenu du programme d'appréciation lui-même (Greller, 1998).

La participation de l'apprécié et de l'appréciateur dans la formulation de l'appréciation est très variable. La gamme de choix va de l'auto-appréciation à l'appréciation unilatérale du supérieur hiérarchique. Entre ces deux pôles, l'appréciation participative ou la coappréciation semble être un choix en progression constante. Cette dernière présente une plus grande légitimité que les deux précédentes, car elle a le mérite d'attribuer un rôle actif aux deux principaux intéressés, soit l'appréciateur et l'apprécié. En plus de motiver les utilisateurs, cette forme de participation des intéressés a pour effet de réduire les risques d'erreurs dans l'appréciation des performances.

1.4.3. Les rôles de l'appréciateur et de l'apprécié en contexte multisource

Un programme d'appréciation multisource modifie substantiellement les rôles de l'appréciateur et de l'apprécié. D'abord, le rôle d'appréciateur ne se limite plus à la seule fonction de supérieur hiérarchique. Bien sûr, ce dernier conserve un rôle actif dans la démarche, mais d'autres acteurs interviennent abondamment tels que des collègues de l'apprécié. Ensuite, des intervenants de l'extérieur de l'organisation interviennent dans le processus à titre d'appréciateur comme des représentants de la clientèle et même des fournisseurs, quoique cela soit exceptionnel. Dans un programme multisource, les résultats des diverses appréciations notamment celles du supérieur hiérarchique, de l'apprécié lui-même ou de ses collègues de travail sont généralement colligés par un conseiller externe. Par conséquent, en contexte multisource, l'appréciation du supérieur hiérarchique revêt moins d'importance qu'en contexte d'appréciation individuelle, car elle constitue une appréciation parmi d'autres. Quant à l'apprécié, il intervient activement dans le processus en formulant une autoappréciation. Celle-ci fait alors partie intégrante de l'ensemble des jugements portés sur sa performance.

1.5. LES CRITÈRES D'APPRÉCIATION

La formulation des critères d'appréciation prend une importance stratégique. Il s'agit en quelque sorte de balises qui permettent aux différents intervenants de porter un regard éclairé sur la performance des membres de l'organisation.

1.5.1. Les catégories de critères d'appréciation

Rappelons qu'il existe trois catégories fondamentales de critères d'appréciation : les objectifs, les champs de fonction et les caractéristiques individuelles. Les objectifs de travail sont des résultats anticipés ; ils influencent les activités régulières d'un individu au cours d'une période donnée. Les champs de fonction concernent plutôt les tâches régulières d'une personne en situation d'emploi. Les caractéristiques individuelles sont soit des traits de comportement, soit des exigences liées à l'exercice de l'emploi.

Les objectifs, les champs de fonction et les caractéristiques individuelles sont, dans les faits, étroitement associés. Les premiers font davantage référence au travail futur, aux projets de développement ainsi qu'aux nouveautés dans le travail. Les deuxièmes concernent plutôt le quotidien et les opérations qu'il faut répéter pour assurer le fonctionnement de l'entreprise. Finalement, les caractéristiques individuelles sont en quelque sorte des attentes à l'égard des compétences qualitatives ou quantitatives. Par conséquent, les trois catégories de critères se complètent, et leur utilisation respective fluctue selon les situations et les postes concernés.

Les critères sont formulés logiquement en termes de performances attendues, car il est important que les résultats du travail soient planifiés avec soin en début de période de référence. Il est aussi fondamental que l'appréciateur et l'apprécié accordent un sens analogue aux critères choisis. Cet exercice de compréhension réciproque des critères constitue l'essentiel de la démarche. En effet, le succès ultérieur de l'appréciation de la performance sera largement déterminé par les critères qui ont été choisis en début de cycle appréciatif.

1.5.2. L'objectivité des critères

Les champs de fonction et les objectifs de travail présentent un degré d'objectivité plus élevé que la plupart des caractéristiques individuelles. Toutefois, ces dernières déterminent en grande partie le succès d'un employé dans l'organisation, il n'y a donc pas lieu d'en nier la pertinence. On tentera de centrer autant que possible la réflexion sur les exigences raisonnables de l'emploi, qui constituent des critères plus objectifs.

CRITÈRES SATURÉS

Les critères choisis doivent permettre d'apprécier l'essentiel de la contribution d'un individu, d'où la notion de critère saturé. Essentiellement, l'expression «saturé» signifie que le critère choisi explique des réalités signifiantes du travail de l'apprécié et, ce faisant, que l'utilisation d'autres critères serait superflue pour évaluer les mêmes réalités. Ainsi, selon le contexte en cause, le critère «conclure une négociation» pourrait être saturé, s'il mesurait davantage que la simple conclusion d'une négociation ; il pourrait, par exemple, mesurer une partie du critère «leadership», car la direction des individus au travail exige une dose relativement élevée de négociation.

CRITÈRES ÉVOQUANT DES RÉSULTATS

Un critère objectif évoque un résultat attendu. Par exemple, l'utilisation du critère «capacité de négocier» s'assimile davantage à un trait de personnalité qu'à une fonction à accomplir. Par contre, la formulation «conclure des négociations» fait appel à une compréhension plus objective, qui évoque un résultat. En effet, celui qui conclut une négociation est implicitement capable de négocier. Or, il est plus facile de dire à la personne appréciée qu'une négociation n'a pas été conclue que de lui dire qu'elle est incapable de négocier.

Il est donc important de choisir des critères qui, évoquant des résultats, expliquent les plus larges situations de travail dans le contexte en cause. On choisira et on définira judicieusement les différents critères d'appréciation, car ils déterminent largement le niveau de performance qui sera éventuellement obtenu à la fin du cycle appréciatif. Ainsi, dans le cas du critère «conclure une négociation», la notion de capacité individuelle est présente sans la nommer spécifiquement. Comme on peut le voir, le choix des critères représente une phase stratégique de l'appréciation des performances.

1.6. L'APPRÉCIATION INDIVIDUELLE OU D'ÉQUIPE

La diversification des ressources et des clientèles rend les organisations de travail généralement complexes. En outre, elles ont souvent la propriété de concentrer un nombre élevé d'individus en un même lieu et selon de multiples structures. Une organisation compte des directions avec leurs départements ou leurs services, leurs comités et leurs groupes de travail auxquelles s'ajoutent parfois une structure de ressources et une autre de services. Le tout fonctionne habituellement sur une base d'autorité dite hiérarchique, fonctionnelle, conseil ou professionnelle doublée d'un ensemble plus ou moins précis de relations formelles et informelles. C'est dans ce contexte relativement complexe que l'appréciation des performances prend racine et se développe.

DIFFICULTÉ D'APPRÉCIER LE TRAVAIL EN ÉQUIPE

L'appréciation du travail d'équipe ne va pas de soi parce qu'il s'agit des contributions simultanées de plusieurs individus à une affaire commune. Comme le contrat de travail est établi avec chaque membre de l'organisation, l'entendement commun veut que l'appréciation se fasse d'abord sur une base individuelle même si ces contributions sont influencées par le groupe d'insertion de l'apprécié ou par son équipe de travail. C'est ce qui constitue sans doute la principale limite à l'appréciation des résultats d'équipe. Il est parfois souhaité d'aller au-delà de cette limite et de reconnaître les résultats des équipes auxquels les individus participent. On s'assurera, comme préalable à l'appréciation réussie du travail d'équipe, qu'un mode de gestion participatif est en vigueur.

APPRÉCIATIONS INDIVIDUELLE ET D'ÉQUIPE

Voici une comparaison des caractéristiques généralement observées entre l'appréciation individuelle et l'appréciation d'équipe.

TABLEAU 1
Comparaison des caractéristiques propres aux approches d'appréciation individuelle et d'équipe

Descripteur	Appréciation individuelle	Appréciation d'équipe
Orientation privilégiée	Gestion de l'individu	Gestion de l'équipe (contrôle de qualité)
Relations internes	Développe les relations verticales	Développe les relations horizontales
Rôle habituel du supérieur hiérarchique	Appréciateur	Animateur
Critères privilégiés	•Objectifs •Champs de fonction •Caractéristiques individuelles	•Objectifs d'équipe •Normes de service •Tableau de bord de l'organisation
Utilisation administrative habituelle de l'appréciation	•Période probatoire •Rémunération •Mutation •Départ	•Suivi du fonctionnement du service •Formation interpersonnelle •Développement organisationnel
Validité du processus	Se prête à la validité concurrente et prédictive.	La partie du processus réservé à l'équipe se prête peu à des tests de validité. Par ailleurs, il est possible de récupérer des éléments qui serviront à des fins d'appréciation individuelle... les tests d'usage sont alors accessibles.
Rôle des collègues dans le processus	Peu impliqués au plan formel.	Très impliqués tant au plan formel qu'au plan informel
Effets sur le style de gestion	Influence indirecte et personnalisée	Influence directe et ouverte
Conséquences au plan de la gestion des ressources humaines	Intégrateur des éléments significatifs de la carrière de chaque individu concerné	Intégrateur de l'ensemble des réalités liées au travail des membres d'une unité administrative

TABLEAU 1 (*suite*)

Comparaison des caractéristiques propres aux approches d'appréciation individuelle et d'équipe

Descripteur	Appréciation individuelle	Appréciation d'équipe
Conséquences organisationnelles à moyen et à long terme	• Rend l'organisation plus consultative • Plutôt facile d'éviter le processus appréciatif	• Rend l'organisation plus consultative • Plutôt difficile d'éviter le processus à cause du nombre de personnes impliquées
Mode de perfectionnement privilégié par l'approche appréciative	Entraînement à la tâche	• Croissance du groupe • Soutien individuel ou accompagnement
Impact au plan de la qualité globale	En liaison indirecte avec la qualité globale	En liaison directe avec la qualité globale
Mode de conservation de l'information	Dossiers personnels	Registres départementaux
Mode de récompenses possibles à la suite de l'application du programme d'appréciation	• Rémunération • Prix personnels • Félicitations ponctuelles	• Rémunération collective • Concours interéquipes • Prix d'équipes
Stratégies de communication inhérentes à la gestion du programme d'appréciation	Bidirectionnelle	Multidirectionnelle
Rôles types dans la formulation de l'appréciation	Le supérieur hiérarchique apprécie en consultation avec l'apprécié	Le rôle du supérieur hiérarchique quant à la formulation d'une appréciation fluctue selon les équipes et la philosophie de management de l'entreprise. Pression plus forte en faveur de la coappréciation. Le tout fait normalement l'objet de précision avant la mise en marche des équipes.

L'approche individuelle et l'approche d'équipe répondent à des besoins différents, mais elles sont en quelque sorte complémentaires. L'une contribue certes au succès de l'autre. Dans l'organisation moderne, les résultats d'équipe se juxtaposent aux résultats individuels; ils sont donc indissociables. Les deux se réalisent spontanément, et souvent sans qu'aucun système précis ne soit mis en place afin de les reconnaître précisément. Travail d'équipe et travail individuel sont deux nécessités associées dans l'entreprise.

1.7. LA MESURE DE L'APPRÉCIATION

La mesure de l'appréciation porte sur les moyens utilisés pour déterminer l'importance relative des critères les uns par rapport aux autres. En effet, quels que soient les facteurs d'appréciation choisis, il faut disposer de moyens pour les mesurer adéquatement. La mesure effectuée peut être pondérée ou non pondérée; dans le cas où l'on opte pour une pondération, l'importance relative des critères doit être établie (par exemple de 1 % à 100 %). Ainsi, dans une situation où les relations de travail traversent une période difficile, le critère «réduire le nombre de plaintes en provenance des employés» ou «réduire les coûts de tel procédé» pourrait compter pour les deux tiers de la cote finale accordée à l'appréciation d'un cadre à cause du contexte relationnel particulier à l'entreprise.

APPRÉCIATION NON PONDÉRÉE

Si la méthode d'appréciation est non pondérée, une cote doit simplement être prévue pour chaque critère, par exemple: le premier «C», le deuxième «A», le troisième «C», et une décision approximative ou qualitative sera prise pour établir la cote finale. L'exemple précédent est fort simple, mais, en présence de plusieurs critères différents, il n'est pas toujours facile de déterminer une cote globale si le résultat obtenu diffère sensiblement d'un critère à l'autre.

PROXIMITÉ DU TRAVAIL

La capacité de déterminer si la performance attendue est concrètement atteinte augmente largement avec la proximité du travail. C'est-à-dire que l'appréciateur devrait être en position d'observer directement la production de l'apprécié. En théorie, un employé sait mieux que quiconque ce qu'il a réalisé au cours d'une période donnée. Toutefois, s'apprécier soi-même donne lieu à un conflit d'intérêts même si la plupart des individus possèdent probablement un niveau d'autocritique suffisant pour apprécier correctement leurs contributions.

Certains dirigeants pratiquent un management de proximité qui accroît leur capacité d'apprécier les performances puisqu'ils sont conscients des réalités du travail de ceux qu'ils dirigent. Toutefois, tous les supérieurs hiérarchiques ne pratiquent pas un management de proximité qui leur permette de fournir des évaluations valides des performances des individus se trouvant sous leur autorité. Par conséquent, il n'existe pas de réponse unique à la question de savoir qui, de l'apprécié ou du supérieur hiérarchique, possède la meilleure capacité de formuler une appréciation exacte et mesurable.

1.8. LA GESTION DE L'APPRÉCIATION

L'appréciation des performances suit un cheminement et un schéma relativement précis que l'on présente sous la forme d'un cycle d'appréciation. Les conséquences de l'appréciation sont perçues différemment selon que les récompenses dont elle fait l'objet sont monétaires ou non monétaires. L'appréciation des performances se réalise selon une séquence déterminée sur une base ponctuelle ou cyclique. Finalement, la gestion de l'appréciation fait l'objet d'une interrogation constante.

1.8.1. Le cycle d'appréciation

L'appréciation des performances prend généralement la forme d'un cycle allant de la planification au contrôle des performances. Le caractère affirmatif et intégré de l'ensemble est important. Il s'agit alors de traduire le tout dans le cadre d'une démarche étapiste semblable à celle qui est proposée en gestion par objectifs ou par résultats (Gannon, 1988). De façon plus précise, cela se présente de la manière suivante :

1. la détermination d'un cycle d'appréciation, soit la période de référence pour apprécier les performances ;

2. une entente entre l'appréciateur et l'apprécié en particulier quant aux critères qui serviront à la formulation d'une appréciation ;

3. la négociation des critères selon lesquels la performance sera appréciée, laquelle se réalise dans l'élaboration d'une sorte de régime d'attentes à l'égard de la performance ;

4. une révision en cours de période, selon une fréquence déterminée, de l'entente initiale entre l'appréciateur et l'apprécié ;

5. la préparation d'un entretien d'appréciation ;

6. la revue finale de performance ;

7. l'élaboration d'un rapport finalisé qui requiert la participation conjointe de l'appréciateur et de l'apprécié ;

8. la planification d'un nouveau cycle d'appréciation ;

9. la gestion confidentielle du dossier d'appréciation qui implique à son tour l'acheminement et le traitement de l'information.

1.8.2. La fréquence de l'appréciation

L'appréciation peut se faire de façon ponctuelle ou cyclique. Ponctuellement, il y a lieu de produire une appréciation des performances d'un individu à chacun des moments stratégiques de sa carrière, par exemple à la fin de la période probatoire, lors d'un transfert, d'une promotion ou d'une rétrogradation à l'intérieur de l'organisation ou, finalement, au moment d'un départ, quelle qu'en soit la raison. D'une manière cyclique, on procédera à l'appréciation à la fin d'un processus planifié, par exemple à la fin de chaque année ou de toute autre période préalablement définie. Il s'agit alors d'une approche systématisée qui se situe dans un continuum. Il faut que l'appréciateur et l'apprécié s'entendent sur des critères, par exemple des objectifs, qui seront révisés en cours de période et évalués à la fin du cycle choisi, correspondant habituellement à une année ou deux.

1.8.3. Les clientèles visées

L'appréciation des performances concerne les trois niveaux de référence suivants : l'organisation, l'équipe et l'individu. La performance organisationnelle constitue une phase importante du processus. En effet, les performances des équipes et des individus devraient rejaillir sur l'organisation. Une méthode d'appréciation comme l'étalonnage permet d'ailleurs à l'organisation de voir où elle se situe par rapport aux autres entreprises comparables. Un niveau élevé de performance organisationnelle se traduit logiquement par des effets tangibles non seulement en ce qui a trait à la vitalité financière mais également au plan des ressources humaines. Citons notamment de meilleures conditions de travail ou des projets de développement se traduisant par de la création d'emplois. Ainsi, l'individu, l'équipe et l'organisation représentent trois éléments indissociables de l'appréciation des performances.

1.8.4. Les conséquences de l'appréciation

Un programme d'appréciation a pour conséquence logique la construction de compétences individuelles et organisationnelles. Cette idée s'appuie sur un intérêt plus soutenu à l'égard de la compétence sous diverses formes. Dès lors, les employés ne sont plus considérés uniquement comme des ressources humaines mais aussi comme des « richesses » ou des actifs (Le Boterf, 2001). Les récompenses attribuées à la suite d'une opération d'appréciation des performances peuvent favoriser l'émergence d'une culture organisationnelle d'excellence qui offre à chacun la possibilité de grandir avec l'entreprise.

PERFORMANCE ET RÉCOMPENSE

Dans un premier temps, il y a lieu d'apprécier les contributions professionnelles ou administratives sans égard aux récompenses qui seront versées. Dans un second temps, on détermine s'il y a lieu ou non de récompenser la performance sur une base monétaire ou autre. Si l'on choisit de reconnaître la performance d'une manière ou d'une autre, ce qui est dans l'ordre des choses, il y aura lieu de créer un équilibre entre les performances observées et les récompenses à recevoir. S'imposera alors le besoin de définir les formes de récompenses accessibles, qu'elles soient ou non monétaires.

SECTEUR PRIVÉ OU ÉTATIQUE

Les récompenses monétaires admissibles sont plus variées dans le secteur privé que dans le secteur public de l'économie à cause justement des caractéristiques inhérentes à chacun de ces secteurs. En effet, les organisations du secteur privé ont un degré d'autonomie généralement plus élevé que celles du secteur public en ce qui concerne les récompenses monétaires à verser aux employés. Cela se traduit par des programmes comme des gains à la productivité, ou des dons d'actions.

Quel que soit le secteur, il existe aussi des programmes de bonis monétaires ou de remboursement de dépenses de fonctions qui, en l'absence d'un niveau de performance élevé, n'auraient pas été autorisés. Si la voie des récompenses non monétaires est retenue, diverses formules sont possibles, par exemple des reconnaissances honorifiques individuelles ou d'équipes.

CHAPITRE 2

- CADRE DE RÉFÉRENCE
- **CONDITIONS DE SUCCÈS**
- ÉTHIQUE
- CRITÈRES
- MÉTHODES
- PERFORMANCES D'ÉQUIPE
- APPRÉCIATION MULTISOURCE
- MESURE
- GESTION

La réussite d'un programme d'appréciation des performances dépend d'un certain nombre de conditions. Celles-ci concernent les individus qui en bénéficient ou l'utilisent ainsi que l'organisation dans laquelle le programme est introduit. Les conditions de succès de l'appréciation portent sur trois axes distincts : le programme d'appréciation des performances en tant que tel, les intervenants, qu'il s'agisse de l'appréciateur, de l'apprécié ou du gestionnaire du programme, et finalement, la culture organisationnelle dans laquelle ces intervenants entrent en interaction. Un programme d'appréciation des performances ne peut recevoir un écho durable que s'il est inscrit dans la mission de l'entreprise.

L'objectif de ce deuxième chapitre est de décrire les conditions de réussite d'un programme d'appréciation des performances dans l'organisation.

Les programmes d'appréciation des performances prennent véritablement leur envol si les organisations dans lesquelles ils sont implantés possèdent une culture qui en tient compte. Ces organisations présentent d'ailleurs leurs caractéristiques propres.

2.1. LA CULTURE DE PERFORMANCE

Toute organisation cherche normalement à établir une culture de performance qui tient compte des réalités dans lesquelles l'entreprise évolue. La compréhension du contexte de l'organisation est donc un préalable essentiel avant de lancer un programme d'appréciation.

2.1.1. L'établissement d'une culture axée sur la performance

Le concept de performance s'associe naturellement à celui de culture d'entreprise. Si celle-ci est pensée en conséquence, elle induit et encourage la performance sous diverses formes. L'idée de performance devrait être présente dans l'ensemble des créneaux de l'organisation. La notion de culture de performance est complexe, car la performance peut être réduite si la volonté de la développer s'actualise maladroitement. Il importe que l'établissement d'une culture de performance ne se réalise pas au détriment des besoins humains.

Associer l'idée de performance à celle de culture d'entreprise implique de procéder à un diagnostic organisationnel sommaire avant de mettre en place le programme d'appréciation. Une fois la culture de performance définie, ce programme servira de catalyseur en facilitant la reconnaissance et la promotion de la performance dans l'organisation.

PERFORMANCE ET STYLE DE SUPERVISION

Le style de supervision joue un rôle marqué dans l'établissement d'une culture de performance (Bass et Avolio, 1993). Ce dernier influe d'ailleurs sur la performance des employés supervisés. Plus la direction est elle-même perçue comme compétente, plus les employés accepteront l'idée que leur contribution fasse l'objet d'une appréciation. Ainsi, les employés doivent sentir que leur supérieur hiérarchique est conscient de leur contribution dans l'organisation. Autrement, ils n'accorderont pas suffisamment de crédibilité aux appréciations formulées à leur endroit par les représentants du management. Le respect des valeurs des employés par la direction est certes un levier puissant de développement d'une culture de performance.

DIVERSIFICATION DES MODES DE RECONNAISSANCE

Le défi, pour toute organisation, est de reconnaître le mérite ou l'excellence d'un maximum d'individus dans l'entreprise sans réduire la valeur attribuée aux récompenses. Dire à tous qu'ils sont excellents sans prendre le temps de justifier les niveaux de performance attribués est une façon parmi d'autres de dévaluer l'excellence. Il faut donc procéder différemment. Par conséquent, la voie privilégiée afin que tous les membres d'une équipe se perçoivent comme des gagnants est de varier les modes de reconnaissance des niveaux d'excellence auprès des diverses personnes et groupes visés. Plus les moyens de reconnaissance de l'excellence seront diversifiés, plus une proportion élevée d'appréciés seront satisfaits et se sentiront motivés à poursuivre dans cette voie.

PERCEPTION ET RÉALITÉ

L'idée d'appuyer positivement le plus d'employés possible provient du fait que c'est une méthode qui porte aux appréciés un message : celui qu'ils font partie d'un cercle ou d'un club de gagnants. Cette croyance les incitera d'abord à rechercher des résultats, à se fixer eux-mêmes des standards de performance élevés et à se dépasser pour finalement atteindre l'excellence (Greenberg, 1986). Le processus implique que l'apprécié ait l'impression de participer à la détermination des causes des problèmes et à l'élaboration des solutions. Bref, l'employé doit comprendre finalement que ses idées comptent aux yeux de la direction. En matière d'appréciation des performances, les perceptions sont parfois aussi importantes que les réalités, et un individu peut avoir tort dans sa façon d'avoir raison.

SAVOIR TRANSMETTRE

Il ne suffit pas de savoir reconnaître la performance : il faut aussi que le message rejoigne les bonnes personnes. La mise à l'honneur du personnel joue un rôle essentiel en matière de reconnaissance des contributions professionnelles. Un témoignage d'une bonne performance transmis sans conviction et qui ne reconnaît pas un mérite évident est dépourvu de valeur. Une telle marque d'attention n'a pas à être financière, elle peut être morale dans le sens qu'elle peut simplement satisfaire le besoin d'estime et de reconnaissance d'un individu. Combien de gestes innovateurs constituent un apport précieux pour l'organisation et demeurent sans écho ?

En outre, la manière de reconnaître le mérite est aussi importante que le contenu du message. Si l'on prenait le temps d'évaluer avec précision le besoin de chacun d'être apprécié, les résultats constatés subséquemment pourraient être étonnants. En clair, l'action autant que le discours administratif, en matière d'appréciation des performances, doivent être en étroite association.

APPRÉCIATION DES PERFORMANCES PASSÉES ET FUTURES

Le concept d'appréciation des performances fait habituellement référence à des événements passés dans la carrière d'un employé. Mais il est possible d'utiliser la même approche à des fins d'évaluation des performances futures. Il s'agit alors du potentiel de l'apprécié (Bernatchez, 1982). Le repérage et la codification des compétences pourraient alors faire l'objet de catégorisation par connaissances professionnelles, potentiel estimé, savoir-faire opérationnel ou intellectuel (Cadin, Guérin et Pigeyre, 1997). Cette logique de liaison entre les appréciations des performances et du potentiel s'inscrit dans une recherche continue de développement des compétences dans les organisations.

2.1.2. Les caractéristiques des organisations axées sur la performance

Préalablement à la mise sur pied d'un système d'appréciation des performances, il serait indiqué de saisir dans quelle mesure le milieu possède un certain nombre de caractéristiques propres aux organisations performantes (Peters et Wateman, 1983).

UNE VISION DE MANAGEMENT

Les organisations performantes proposent une vision qui est elle-même un guide d'action pour l'avenir. Elles possèdent aussi une stratégie de service clairement formulée, communiquée et intégrée à cette vision. La vision est constituée d'un ensemble de valeurs qui supportent à leur tour un style de gestion accessible, visible et souple. En d'autres termes, les organisations excellentes mettent en vigueur des systèmes qui permettent à l'employé ou au client de communiquer simplement et efficacement avec la haute direction. Un tel processus est qualifié, dans plusieurs milieux d'affaires, de politique de porte ouverte. Ainsi, le message est limpide. Rien n'est plus important que le service à la clientèle.

Il faut donc privilégier le client. L'évaluation du service est alors récupérée dans le cadre des politiques de gestion des ressources humaines. En effet, il arrive trop souvent que l'on établisse les politiques internes en vase clos, à la suite d'incidents critiques ou d'événements exceptionnels. Toute politique interne qui ne tient pas suffisamment compte des besoins de la clientèle ou du personnel est à proscrire. Par conséquent, le pont entre le client et les ressources humaines peut se faire, dans une bonne mesure, par l'appréciation des performances.

UNE VOIE DE PROMOTION

Les organisations performantes élaborent une voie de promotion interne en fonction de la performance. Elles se préoccupent alors de mesurer convenablement cette dernière. Un programme d'appréciation des performances se justifie par sa capacité de reconnaître non seulement le rendement passé, mais aussi le potentiel futur des employés. En d'autres termes, les performances passées font l'objet d'une appréciation, mais l'opération se réalise avec un regard tourné vers l'avenir. Ainsi présentée, l'appréciation des performances permet de reconnaître les meilleures contributions et de guider les employés vers la voie de la promotion interne.

Il ne faut toutefois pas confondre l'appréciation des performances et du potentiel. Apprécier les performances, c'est juger d'une période écoulée alors qu'apprécier le potentiel, c'est évaluer les capacités de l'individu à l'égard des postes futurs. Or, le fait d'exceller dans un emploi présent ne garantit pas que la même performance sera observable dans un emploi futur. Il n'en demeure pas moins que l'appréciation des performances fournit l'occasion de cerner les intérêts de l'employé pour d'autres emplois éventuellement accessibles dans l'organisation. Un programme d'appréciation du potentiel complétera le travail amorcé.

UNE RECONNAISSANCE PUBLIQUE DE LA PERFORMANCE

Les entreprises performantes n'hésitent pas à témoigner publiquement de la valeur des ressources humaines. Dans la perspective de l'appréciation des performances, les ressources humaines représentent un investissement et non pas une simple dépense au bilan. Si les appréciations formulées sont le résultat d'un processus participatif et objectif, il n'y a aucun frein à ce que les personnes dont la performance est excellente soient reconnues d'une manière ou d'une autre dans leur entreprise ou, tout au moins, chez lesss leur groupe d'appartenance immédiat.

LE RECOURS À DES INDICATEURS DE PERFORMANCE

Les organisations performantes évaluent régulièrement le service à l'aide d'indicateurs précis (Otley, 1992). Ces indicateurs sont éminemment variés. Ils sont à la hauteur de l'imagination des personnes qui composent le quotidien de l'organisation. Essentiellement, il s'agit d'un livre de bord organisationnel. Les niveaux d'activités de la main-d'œuvre, de présence au travail, d'erreurs de fabrication autant que les commentaires de la clientèle fournissent des indices originaux de performance. L'attention portée à ces indices facilitera grandement l'atteinte d'un niveau élevé de performance avec la fierté et la motivation qu'ils suscitent auprès des membres de l'organisation.

DES POLITIQUES ORGANISATIONNELLES AXÉES SUR LA PERFORMANCE

Les organisations performantes déterminent judicieusement, par leurs politiques, les réalités organisationnelles qui doivent être différenciées ou intégrées (Lorsch, 1987). En d'autres termes, elles savent porter attention aux besoins de chacun. Nul besoin de soumettre tout le monde aux mêmes politiques pour obtenir de la performance. Mais différencier les politiques qui concernent les uns et pas les autres est une opération complexe. Il est donc opportun d'apprécier les performances de chacun en respectant les réalités spécifiques de travail.

Les organisations performantes dirigent les ressources en favorisant l'autodiscipline, la flexibilité et une compétition amicale. Elles se centrent sur des résultats observables plutôt que sur des activités. Il s'agit donc d'organisations innovantes à valeur ajoutée. Elles subordonnent intelligemment les ressources matérielles et financières aux besoins légitimes de la clientèle et non l'inverse. En outre, les organisations performantes évoluent généralement dans un contexte d'intenses activités qui se traduisent notamment par une série d'éléments observables, tels que :

♦ des contacts directs des employés avec un grand nombre de personnes, particuliers ou représentants d'autres organisations ;

♦ un volume élevé de transactions tant sur le plan humain que financier ;

♦ des travaux administratifs intenses en qualité et en quantité, par exemple des devis, des factures, des comptes clients, des dossiers divers et de la correspondance ;

♦ un traitement appréciable de données relatives aux clients, aux employés et aux fournisseurs.

Ce qui précède représente l'essentiel d'une politique organisationnelle axée sur la performance. Bien qu'une telle politique soit un élément central dans la mise en place d'un processus d'appréciation des performances, il existe un certain nombre de préalables à la réussite d'un tel processus au sein d'une organisation.

2.2. LES PRÉALABLES AU LANCEMENT DU PROGRAMME

Un programme d'appréciation naît souvent d'un contexte où la performance n'est pas clairement explicitée. En outre, l'idée de performance provient parfois d'un management en crise identitaire (Galambaud, 1983). Par conséquent, avant de mettre officiellement sur pied le programme d'appréciation des performances, il est recommandé de diagnostiquer les besoins de l'organisation afin de proposer un programme qui en tienne compte. Chez les cadres, l'approche la plus répandue en matière d'appréciation est celle par objectifs ou par projets, parce qu'elle a le mérite de planifier ou de projeter la performance attendue dans le temps (Mani, 2002).

Au départ, il est opportun de s'assurer que les préalables suivants seront respectés :

♦ formalisation des valeurs, des principes de gestion ou de la philosophie de management ;

♦ élaboration des objectifs stratégiques de l'organisation ;

♦ détermination des pratiques passées au plan du support interne, de la mesure de l'efficacité, des communications et des échanges avec l'environnement ;

♦ recueil des opinions des employés concernés ou de l'équipe de direction :
  – en regard des lignes de force observables,
  – en regard des attentes futures ;

♦ détermination d'un système de reconnaissance des contributions professionnelles :
  – choix des décideurs qui assureront le fonctionnement du système,
  – rôle des intervenants, c'est-à-dire de la direction, des cadres, des professionnels ou des autres catégories de salariés impliqués,
  – fixation, s'il y a lieu, des formules de compensation selon le niveau d'emploi, le groupe de référence et la nature des contributions signalées ;

♦ établissement d'un échéancier des activités d'appréciation des performances.

L'organisation élabore des règles claires quant à la mise en place et au fonctionnement du programme d'appréciation des performances. Il est opportun de centrer les critères d'appréciation sur les aspects « signifiants » ou importants du travail. Dans le même sens, les critères à la base de l'appréciation doivent être choisis en fonction de réalités sur lesquelles les intervenants, soit l'appréciateur et l'apprécié, peuvent exercer un certain pouvoir. La réalisation d'un processus complet d'appréciation des performances est une manière de s'interroger valablement sur les résultats de l'organisation. Bref, il est important d'attribuer une couleur particulière au programme d'appréciation des performances. De cette façon, il est plus facile, pour les personnes impliquées dans la démarche, d'établir clairement leur rôle dans la réussite du programme.

2.3. LES RÈGLES À LA BASE DE LA PERFORMANCE

Tout comme l'organisation, l'individu joue un rôle central dans la valorisation de l'appréciation des performances. La crédibilité du leadership et la capacité d'autocritique des appréciateurs sont susceptibles d'accroître la motivation des appréciés à participer pleinement au programme d'appréciation des performances et, par conséquent, à en accepter les résultats (Gabris et Ihrke, 2000). Ainsi, la participation de l'apprécié optimise sa performance dans son aire de travail. C'est par son engagement personnel que l'apprécié accorde de la pertinence au programme d'appréciation.

Voici un ensemble de règles qui encouragent et soutiennent la performance dans l'organisation.

1. **Responsabiliser**
   Chaque apprécié doit comprendre sa clientèle, c'est-à-dire les individus à qui son travail rend directement ou indirectement service. C'est ce qui justifie de définir et de réévaluer systématiquement, en termes opérationnels, pour chaque fonction, les normes de service à fournir aux clients. Une innovation constante est ainsi recherchée pour un service ou produit donné. À cet égard, la participation des employés de tous les niveaux est requise.

2. **Définir les rôles dans un contexte de souplesse**
   Une orientation vers les résultats exige de saisir les principales fonctions de l'organisation. De là l'importance, pour la direction, de prendre le temps de les expliquer aux employés. C'est là un moyen d'optimiser le sentiment d'appartenance du personnel, d'abord à l'organisation et, ensuite, à leur emploi respectif. Le principe « une personne-un poste » se juxtapose à celui de « une personne-une organisation ». Un employé doit bénéficier des conditions qui lui permettront d'être à l'aise dans son groupe de travail immédiat, de sorte qu'il se joigne spontanément à l'ensemble de la communauté de l'organisation par la suite. L'apprécié a d'abord besoin de jouer un rôle actif dans l'entreprise et, par extension, dans la détermination de son propre niveau de contribution, car le concept d'utilité est central en appréciation de performances (Dobbins, 1994).

3. **Encourager la communication interne**
   Il est souhaitable d'instaurer un programme rigoureux de retour d'information quant à l'opinion des membres de l'équipe et de la clientèle. Cela étant fait, il faudra prendre les décisions nécessaires en tenant compte du contexte de collaboration préalablement discuté. La gestion de l'organisation et les systèmes internes gagnent à être expliqués aux employés et à recevoir leurs commentaires.

Chacun doit saisir la nécessité de pouvoir modifier rapidement les méthodes d'intervention en vigueur dans l'organisation pour tenir compte des imprévus et des contraintes internes ou externes.

4. **Planifier la performance**
   Dans le cadre de la planification de son travail, un apprécié peut traduire, en des termes adaptés à sa condition, la mission de l'organisation. En cas de difficultés, il peut être soutenu pour le faire. La planification de la performance permet à l'apprécié de mieux comprendre et d'accepter les objectifs organisationnels (Locke, Schweiger et Lathan, 1986). Normalement, la performance est planifiée du haut vers le bas de la structure organisationnelle. Il s'agit alors d'un processus participatif qui répond au besoin de traduire, en termes appliqués, l'ensemble des défis que l'organisation se propose de relever. La planification de la performance individuelle ou d'équipe se retrouve ainsi insérée dans un plus vaste processus de développement organisationnel.

5. **Intégrer l'appréciation des performances au perfectionnement**
   Le perfectionnement doit être adapté à la mission de l'organisation. Il est essentiellement utilisé pour renforcer les compétences individuelles et collectives (Peretti, 2001). Dans ce processus, les employés apprennent ainsi à apprécier eux-mêmes leur niveau de performance et à faire preuve d'autocritique à cet égard. Les expériences internes et externes qui encouragent la performance dans l'organisation doivent donc être encouragées. Il faut développer chez le personnel le goût de s'investir dans des expériences nouvelles. Par conséquent, il est opportun d'apprendre aux employés à détecter les incidents critiques au travail dans une perspective d'amélioration continue. Cela implique qu'on leur donnera de la rétroaction sur les conséquences de leur intervention afin qu'ils puissent s'interroger systématiquement sur le sujet. Cela permet également aux appréciés de dépasser le stade de l'appréciation des taux d'erreurs en leur proposant un guide d'action. Ces derniers sont alors enclins à s'instruire davantage. L'acquisition de nouvelles compétences contribue certes à accroître la performance sous toutes ses formes ; elle renforce donc l'organisation dans la réalisation de sa mission.

6. **Faire disparaître la crainte**
   Un employé insécurisé ne peut donner une excellente performance. Il y a lieu d'éviter de réprimander pour des problèmes provenant du système. De plus, la pratique de l'équité interne donne aux appréciés la possibilité de livrer leur opinion, ce qui réduit l'écart entre les contenus des réseaux formels et informels de communication. L'insécurité diminue la productivité au travail

et augmente les dysfonctions comportementales comme l'absentéisme ou la rotation du personnel. Réduire l'insécurité représente un investissement en faveur du développement de la confiance, de l'autocritique et de l'efficacité. Ce faisant, l'entreprise bénéficie d'une opinion publique interne positive en conformité avec son projet d'affaires.

7. **Encourager la mobilité interne**
   La pratique de la mobilité interne ou des mutations choisies peut favoriser l'émergence d'un sentiment d'appartenance à l'organisation plutôt qu'à un service, à une catégorie d'emploi ou à une direction. Ainsi, les membres de chaque unité administrative s'intéressent aux problèmes vécus par les employés des autres unités administratives. Par conséquent, la mobilité interne est un moyen convenable d'optimisation du potentiel humain et de compréhension des réalités quotidiennes de l'organisation.

8. **Prioriser la qualité**
   L'intégration de la qualité totale au programme d'appréciation est susceptible de contribuer grandement à son succès (Bowman, 1994). Ainsi, chaque employé est en mesure de comprendre le rapport qui existe entre sa contribution et le succès de l'entreprise. Cette compréhension est soutenue par l'accès à des normes quantitatives et qualitatives qui représentent le tableau de bord de l'organisation. Par conséquent, on établit un lien entre la compétence acquise et le résultat dans le travail. Le tout est placé à la disposition des employés dans le cadre de la réalisation de leur prestation de travail.

Ces règles de base démontrent qu'au fond la performance doit faire partie d'un ensemble. Si l'appréciation des performances est gérée en vase clos, son potentiel et ses résultats concrets s'en trouvent limités. L'appréciation des performances représente en quelque sorte l'état d'esprit des intervenants à l'égard des exigences de leur travail. En outre, elle traduit implicitement la vision qu'ont les salariés de l'avenir de l'entreprise.

De manière générale, tout effort accompli implique une performance. Tout individu possède des habiletés et des traits qui déterminent son niveau de performance. C'est d'ailleurs ce qui fait fluctuer la performance d'un individu à l'autre. Dans l'ensemble, tout employé est capable de proposer une zone ou un niveau de performance atteignable en fonction de son vécu dans l'organisation ainsi que les indicateurs susceptibles de les apprécier. Par conséquent, il est nécessaire de faire régulièrement le bilan de la satisfaction des employés ou des groupes à l'égard du programme d'appréciation.

2.4. LES ERREURS CLASSIQUES EN APPRÉCIATION

L'appréciation des performances constitue un sujet sensible et un domaine où la gravité des erreurs est plutôt élevée. Les pièges sont nombreux. Ils guettent tout autant les individus et le système lui-même si, par exemple, ce dernier ne présente pas un contenu adéquat par rapport aux objectifs poursuivis. Une des limites habituelles des programmes d'appréciation est leur incapacité de prendre en charge les relations entre les individus ou de mesurer l'apport des autres membres de l'organisation au travail d'un employé en particulier (Cederblom, 2002). Finalement, les programmes d'appréciation comportent, spécialement au plan de la formulation d'un jugement sur les contributions d'un apprécié, une dimension subjective qui varie d'un contexte d'entreprise à l'autre (Higgins, 1983).

2.4.1. Le paradoxe de l'appréciation des performances

L'appréciation des performances représente en quelque sorte un programme de gestion des ressources humaines aux conséquences paradoxales. D'une part, peu d'individus s'y opposeront formellement, dans le sens que la plupart d'entre eux en admettent aisément le principe. D'autre part, une fois en vigueur, un programme d'appréciation des performances soulève nombre de craintes, particulièrement quant à son efficacité et, surtout, à son équité. Ce qui est préoccupant, c'est que l'appréciation des performances est l'une des causes de succès organisationnel les plus citées mais aussi l'un des systèmes les plus mal gérés par les dirigeants d'entreprises (Gosselin et Saint-Onge, 1998). Naturellement, si elle est conduite avec habileté et selon les règles de l'objectivité, elle peut devenir un élément décisif de valorisation des ressources humaines.

2.4.2. Une typologie des erreurs les plus fréquentes

Voici une typologie des erreurs les plus fréquemment observées en appréciation des performances :

- ♦ L'effet de halo est la tendance à étendre à tous les aspects de la performance une impression favorable ou défavorable acquise à partir de l'observation d'un seul aspect des performances. Le candidat est surévalué ou sous-évalué sur la simple base de la première impression.
- ♦ La tendance centrale consiste à considérer comme étant « dans la moyenne » des employés qui méritent plutôt d'être situés à l'une ou l'autre des extrémités de l'échelle.

- La généralisation outrée est l'inverse de la tendance centrale. Les performances des employés sont, dans l'ensemble, soit faibles, soit excellentes.

- La complaisance excessive est observée chez certains appréciateurs enclins à toujours voir le côté rose des choses. Non seulement l'appréciateur n'est pas sévère, mais il omet de considérer des éléments importants de l'appréciation de crainte d'indisposer l'apprécié.

- L'effet miroir consiste à apprécier plus favorablement les individus qui possèdent les mêmes traits de caractère que soi. L'appréciateur adopte alors l'attitude suivante à l'endroit de l'apprécié : « Vous dites les mêmes choses que moi, vous pratiquez les mêmes loisirs, par conséquent, vous méritez la meilleure appréciation. »

- L'effet de contraste ou « sandwich » amène l'appréciateur à formuler son jugement en associant toujours un point fort à un point faible ou vice versa. Dès lors, l'apprécié ne sait plus trop à quoi s'en tenir, puisqu'on lui mentionne que sa performance est à la fois excellente et faible sur des éléments parfois convergents de son travail. Il ne faut toutefois pas confondre l'effet de contraste avec le simple processus appréciatif qui consiste à faire ressortir les points forts et les points faibles de la performance de l'apprécié. Il s'agit ici du besoin excessif de l'appréciateur de toujours présenter « les deux côtés de la médaille » sans fournir les justifications appropriées.

- L'effet de spécificité consiste à porter un jugement sur l'ensemble d'une période à partir d'un événement spécifique ou d'une réalisation particulière que l'appréciateur a particulièrement aimé ou détesté. Au contraire, l'appréciation doit porter sur l'ensemble des éléments signifiants de la période sans attacher une importance exagérée à un événement spécifique ou sans accorder à une réalisation particulière une importance qu'elle n'a pas.

2.5. L'ART DE L'APPRÉCIATION

Il existe certes des méthodes vérifiées de succès en appréciation des performances, ou du moins des démonstrations de ce qu'il faut éviter de faire. Ainsi, la perception de la capacité d'apprécier, l'utilité perçue de la méthode d'appréciation, les occasions d'observer les résultats du travail et le souci d'éviter les erreurs déterminent habituellement la volonté administrative d'apprécier les performances (Carson, Cardy et Dobbins, 1991). Néanmoins, l'appréciation des performances demeure essentiellement un art plutôt qu'une science exacte.

Quoi qu'il en soit, apprécier les performances des individus en situation de travail implique une praxis particulière comportant un ensemble déterminé de règles de conduite dont certaines présentent des avantages et d'autres, des difficultés. Ainsi, comme le résume le tableau qui suit, certaines attitudes sont à proscrire et d'autres sont à mettre en œuvre (Smither, 1998).

TABLEAU 2

Liste d'attitudes à proscrire ou à mettre en œuvre dans un cadre d'appréciation des performances

À PROSCRIRE	À METTRE EN ŒUVRE
Préjudices personnels de l'appréciateur	Attitude ouverte et neutre au départ
Pensée subjective	Pensée rationnelle
Reproches	Constats
Traits et caractéristiques non liés au travail	Traits et caractéristiques liés au travail
Pensée imprécise	Jugement précis
Préjugés	Preuve documentaire à l'appui de l'entretien
Comparaison d'individus	Comparaison de standards
Attention axée sur la forme	Attention axée sur le contenu
Attention axée sur les activités	Attention axée sur les résultats
Confrontation négative	Confrontation positive
Punition pour une faible performance	Récompense pour une performance élevée

2.6. LES CARACTÉRISTIQUES D'UN PROGRAMME D'APPRÉCIATION

Le programme d'appréciation doit présenter un certain nombre de caractéristiques liées à son efficacité. Essentiellement, il doit être participatif, souple et positif :

♦ Participatif. L'apprécié s'implique alors étroitement dans la planification et le contrôle de ses réalisations, dans l'élaboration de l'appréciation, dans la mise en valeur des résultats de ses efforts en produisant lui-même, s'il le juge utile, un dossier d'appréciation. Par conséquent, les intervenants sont appelés à formuler leur opinion en s'appuyant sur une preuve documentaire ou en utilisant des indicateurs objectifs. Tout cela fait partie d'une saine autogestion de sa carrière dans une organisation ;

♦ Souple. La souplesse est toujours recherchée, spécialement si le programme d'appréciation est utilisé dans un contexte professionnel diversifié. Dans le cas où son degré d'adaptabilité est assez élevé, un programme peut s'adresser à tous les individus d'une entreprise, quel que soit le contenu de leur travail. Lorsque les intervenants, soit l'appréciateur ou l'apprécié, ont convenu du choix des critères, ils sont conviés à faire preuve de souplesse pendant la période de référence en cause afin de tenir compte des circonstances imprévues. En effet, et c'est là une caractéristique d'un contexte de travail, il est plutôt rare que tout se déroule exactement selon les plans initiaux et les échéanciers prévus. Il est implicite que l'appréciateur et l'apprécié se rencontrent pendant l'année pour modifier soit les objectifs, soit les champs de fonction, soit les caractéristiques individuelles. La formulation des critères est donc un processus dynamique réalisé généralement sous l'égide d'une collaboration négociée entre les intervenants concernés, spécialement l'appréciateur et l'apprécié ;

♦ Positif. Le processus d'appréciation des performances doit renforcer les acquis et valoriser la recherche de l'excellence. En effet, il ne saurait être utilisé, directement ou indirectement, à des fins punitives de quelque nature. Un programme d'appréciation ne peut être conçu pour traiter l'ensemble des comportements déviants dans l'entreprise.

2.7. LES QUALITÉS D'UNE MÉTHODE D'APPRÉCIATION

Selon les objectifs qu'elle vise, la méthode d'appréciation des performances doit refléter un certain nombre de qualités telles que la clarté et la sensibilité. En outre, elle doit être mesurable, réaliste, non contaminée, signifiante, spécifique, stimulante et utile. Finalement, sa validité et sa fidélité ne sauraient être oubliées.

2.7.1. Une typologie des qualités recherchées

Précisons sommairement, relativement à la méthode d'appréciation, les qualités précitées, à l'aide de la typologie suivante :

♦ elle est claire, c'est-à-dire facile à comprendre par les utilisateurs ;

♦ elle est mesurable, c'est-à-dire qu'elle comporte un ou plusieurs indicateurs qualitatifs ou quantitatifs. Par conséquent, il est possible de connaître le degré d'efficacité du programme d'appréciation des performances ;

♦ elle est non contaminée, c'est-à-dire qu'elle n'est pas affectée par des éléments ou des facteurs qui ne concernent pas les performances ;

♦ elle est réaliste, c'est-à-dire qu'elle requiert un effort optimal de la part de l'apprécié. Ainsi, elle exige des efforts en relation avec les défis de la fonction, mais elle ne conduit pas à une dépense d'énergie démesurée. Elle tient ainsi compte des ressources qui sont mises à la disposition de l'apprécié ;

♦ elle est sensible, c'est-à-dire qu'elle décèle les variations de la performance, petites ou grandes, au cours d'une période donnée. En d'autres termes, elle mesure correctement différents degrés de performance ;

♦ elle est signifiante, c'est-à-dire qu'elle tient compte des principaux éléments de la tâche exécutée ou des résultats essentiels intervenus dans le travail au cours d'une période donnée. Elle mesure ainsi les aspects essentiels ou signifiants de la performance ;

♦ elle est spécifique, en ce sens que selon la mesure requise par les circonstances elle permet de formuler un jugement précis et non une intention générale ;

♦ elle est stimulante, c'est-à-dire qu'elle favorise la motivation des personnes concernées. Par conséquent, elle est susceptible d'inspirer et d'augmenter l'ardeur au travail ;

♦ elle est utile, car elle répond à des besoins individuels et organisationnels.

2.7.2. La validité et la fidélité de la méthode

La méthode d'appréciation offre normalement des garanties suffisantes de validité, c'est-à-dire qu'elle évalue minimalement ce qu'elle se propose de mesurer. Comme elle n'est généralement pas utilisée par des spécialistes du comportement humain et que les appréciateurs sont parfois peu habitués à exercer leur jugement dans un domaine aussi sensible, un soutien technique approprié doit être accessible au besoin.

La validité de la méthode utilisée traduit les effets concrets de l'appréciation des performances. Par exemple, quelle est la relation ou la corrélation entre différentes mesures de la performance et d'autres éléments tels que l'absentéisme, l'état de santé personnel, les réalisations individuelles des appréciés? Ces questions sont importantes lorsqu'il s'agit de prendre la mesure de la validité de la méthode utilisée. Il existe essentiellement deux types de validité (Guion, 1980):

♦ la validité prédictive, qui concerne les relations entre une mesure faite à un moment dans le temps et une autre mesure qui sera effectuée à un autre moment;

♦ la validité concurrente, qui s'exprime par la relation entre une mesure prise à un moment dans le temps et une autre mesure obtenue essentiellement au même moment.

En bref, un outil d'appréciation est valide s'il mesure effectivement ce qu'il est censé mesurer. Il est fidèle s'il donne toujours la même indication lorsque la mesure est répétée. L'exemple le plus simple pour illustrer les notions de validité et de fidélité est certes la mesure du poids d'une personne. L'outil de mesure, soit la balance, sera valide si elle fournit une indication véridique du poids d'un individu. L'outil sera fidèle si le poids demeure inchangé lors de mesures successives. Le même principe s'appliquerait au thermomètre comme à tout autre appareil de mesure. La valeur d'un instrument de mesure est donc en relation étroite avec son niveau de validité et de fidélité (Balicco, 1997).

L'éthique est au centre de l'appréciation des performances. Éthique, morale et équité se juxtaposent de diverses manières. Les dirigeants d'entreprise autant que les employés sont résolument insérés dans une problématique d'ordre éthique lorsqu'il s'agit de conduire et de réaliser l'appréciation des performances. Formuler une appréciation éthique ou livrer une appréciation juste et raisonnable ne peut se faire correctement sans prendre conscience, au-delà de la stricte mesure des performances, des droits et des devoirs fondamentaux des individus concernés. L'éthique est principalement ici traitée sous l'angle déontologique.

L'objectif de ce troisième chapitre est d'établir les balises propres à une appréciation éthique des performances dans les organisations.

3.1. LA PERTINENCE DE L'ÉTHIQUE EN APPRÉCIATION

Une crise d'identité culturelle ou sociale a marqué profondément la seconde partie du XXe siècle (Ballet et De Bry, 2001). Ce contexte externe à l'entreprise n'est pas sans conséquence pour cette dernière. Il complexifie sensiblement la nécessaire mise en place d'un système de différenciation des performances et des réalisations en ce qui a trait aux valeurs dominantes et aux standards établis dans l'organisation. L'éthique vient donc définir la portée de l'appréciation et son usage au plan des décisions concernant les employés. Toutefois, celle-ci s'infère d'un cadre plus large. Il s'agit de donner au travail humain un sens véritable (Pauchant *et al.*, 2000) que l'appréciation des performances peut traduire en termes concrets.

3.1.1. Une définition de l'éthique

L'éthique déontologique réfère à un ensemble de normes comportementales auxquelles les membres d'une organisation doivent se soumettre, qu'ils soient dirigeants ou employés. Ces normes se traduisent en devoirs. Parmi eux, certains s'appliquent spécifiquement aux dirigeants ou aux employés, selon le cas, alors que d'autres concernent les deux groupes. L'éthique déontologique se traduit donc par un ensemble de règles de comportement ou de conduite. Le but de ces règles est normalement d'assurer la protection, le maintien ou le développement de l'organisation et des individus qui la composent. Par ses activités productives, un milieu de travail se prête à l'analyse déontologique.

En entreprise, les comportements et les attitudes au travail s'évaluent beaucoup mieux lorsqu'ils sont appréciés à la lumière d'un système de justice distributive (Viswevaran et Ones, 2002). Dans ce contexte, l'éthique déontologique induit ou encadre un ensemble de normes. Quant à la notion de morale, elle peut présenter une certaine connotation péjorative ; en effet, quand ont «fait la morale à quelqu'un», on lui adresse des exhortations ou des directives. Toutefois, la morale et, par voie d'incidence, l'éthique, s'insèrent dans une théorie de la finalité des actions de l'homme. La conséquence directe d'une réflexion éthique en appréciation de performances est donc de poser la question du pourquoi, obligeant ainsi, moralement du moins, l'appréciateur à motiver adéquatement son appréciation auprès de l'apprécié. Cette réflexion peut dépasser l'éthique déontologique et interpeller le régime de valeurs identifiable dans l'entreprise.

3.1.2. L'éthique et la discrimination

Un dirigeant est fréquemment appelé à discriminer, c'est-à-dire qu'il doit choisir l'un plutôt que l'autre parmi un ensemble donné d'individus selon les objectifs poursuivis. Ce pouvoir discriminant consiste notamment à confier diverses responsabilités. Dans cette optique, il existe deux types de discriminations, l'une liée à une véritable raison d'affaires et l'autre, non liée aux exigences raisonnables du travail. Par exemple, il serait fondé de prévoir des règles de compétence préalables à l'acquisition d'un emploi, mais il serait non fondé de préférer un homme à une femme pour une fonction de direction puisque le genre masculin ou féminin, dans une telle situation, n'est en aucune manière lié à la compétence normalement exigible. En appréciation de performances, l'éthique est susceptible de proposer des balises propres à une prise de décision exempte de discrimination non fondée.

Dans un contexte de travail, toute décision se motive implicitement par le contrat d'affaires ou la raison d'être de la firme. Par exemple, une décision de promotion de ressources humaines ne serait pas en relation avec la compétence si elle était justifiée par des critères tels que la race, la couleur, le sexe, l'orientation sexuelle, la religion ou les convictions politiques. Le fait d'isoler ou de traiter différemment certains individus ou groupes par rapport aux autres au sein d'une organisation constituerait un manque d'éthique. En matière de promotion, il faut que l'exigence occupationnelle vise un objectif légitime et qu'elle soit raisonnablement nécessaire. Par exemple, un critère de promotion requérant une personne de sexe féminin ou masculin serait discriminatoire à cause de l'absence de lien entre l'emploi et ce critère d'embauche.

Dans l'exercice de son pouvoir décisionnel, l'employeur s'appuiera donc sur diverses bases pour exercer ses choix. Par exemple, il nommera à un poste telle personne plutôt que telle autre après avoir soupesé certains critères comme les diplômes ou l'expérience des individus concernés. En promotion des ressources humaines, un employeur appuiera sa décision sur des critères en relation avec la compétence. L'appréciation des performances devient alors un véhicule de transmission de cette finalité.

3.2. L'ÉTHIQUE DANS L'ENTREPRISE

L'éthique concerne tous les membres de l'entreprise, qu'ils soient dirigeants ou employés, appréciateurs ou appréciés. Toutefois, l'éthique des dirigeants peut différer de celle des employés (Solymossy et Masters, 2002). L'éthique des dirigeants est dite « managériale ou administrative » ; elle fait appel à des principes de gestion dont l'autorité joue un rôle transcendant. L'éthique des employés, qualifiée également d'éthique occupationnelle ou professionnelle, réfère essentiellement à l'accomplissement optimal du travail.

Les organisations s'intéressent de plus en plus à la dimension éthique des affaires courantes même si une telle préoccupation est souvent perçue, par les administrateurs, comme étant externe aux buts ou à la finalité de l'entreprise (Greenwood, 2002). Néanmoins, les organisations comportent une dimension publique à cause de l'accès généralisé des citoyens à des sources d'information diversifiées. Comme système social, l'entreprise possède une triple vocation de création de richesses, de cohésion sociale et de coopération au bien commun. Cependant, l'organisation n'est pas exempte d'un certain degré de déviance dont l'éthique facilite la prévention et la correction (Le Tourneau, 2000).

MONTÉE DE LA LÉGISLATION DU TRAVAIL

La législation du travail a connu un développement appréciable au cours des dernières décennies. En plus de viser une consolidation des conditions de travail dans un contexte de précarisation accrue, la législation a offert aux citoyens de meilleurs recours en emploi. Citons la montée de la préoccupation à l'égard du harcèlement moral dans les organisations. Les valeurs éthiques sont donc particulièrement utiles lorsque la direction transige avec les employés.

BESOIN ACCRU D'ÉTHIQUE

Les préoccupations éthiques contemporaines ne relèvent pas du hasard. Elles sont la résultante d'un programme politique et législatif résolument axé sur la défense et la promotion des droits individuels dans l'entreprise, elle-même insérée dans une société « fracturée ». Ces préoccupations sont le propre d'une mutation importante des milieux de travail vers les nouvelles technologies. Elles sont aussi la conséquence d'une profonde mutation des organisations non seulement sur le plan technologique mais également sur le plan humain. Par exemple, l'arrivée massive des femmes et bientôt des jeunes dans les organisations traduit, en partie, cette mutation des entreprises. Cette situation de changement crée un besoin croissant d'éthique dans les organisations, lesquelles évoluent parfois dans un contexte où le fossé entre la logique d'affaires et l'éthique sociale s'élargit.

Par conséquent, les décisions en matière d'appréciation des performances sont maintes fois prises dans un contexte en évolution rapide, d'où la nécessité de recourir à l'éthique. Encore récemment considérée comme une discipline théorique, l'éthique devient soudainement une dimension appliquée des affaires courantes dans les organisations. Les préoccupations éthiques prennent une importance particulière lorsque les décisions ou les actions administratives ont des impacts sur la carrière des individus. Cela est le cas en appréciation des performances.

3.3. LE CONCEPT D'ÉQUITÉ

L'équité réfère au sens naturel de la justice et au respect des droits de chacun. Tout comme l'éthique, l'équité est une notion qui évolue dans le temps et qui varie selon les cultures, les nations et les entreprises (Beuningen, 2001). En contexte de travail, l'équité peut faire l'objet d'un examen plus large que le traitement qui lui a été réservé par le passé. L'équité concerne la justice naturelle considérée, à la limite, indépendamment des droits en vigueur. Elle implique donc une notion d'équilibre ou de juste milieu. Une décision équitable postule qu'elle soit prise dans un cadre d'impartialité.

ÉQUITÉ ET JUSTICE

L'équité est souvent associée à la notion de partage ou de justice distributive suivant le contexte dans lequel elle est évoquée. Par conséquent, pour prendre une décision équitable, il faut faire preuve de compétence morale. Dans le cas de l'évaluation d'un niveau de performance, cette compétence doit être juxtaposée à une compétence technique équivalente. En effet, il faut plus que vouloir une appréciation équitable, il faut savoir comment y parvenir par l'adoption d'une approche appréciative précise. Un système d'appréciation est perçu comme plus équitable si les appréciés ont l'impression que les appréciations sont formulées dans un contexte général de justice organisationnelle (Cropanzano et Greenberg, 1997).

ÉQUITÉ MANAGÉRIALE

L'équité managériale réfère spécialement à la façon dont les procédures administratives sont appliquées. La problématique porte sur la consistance des appréciations, d'une part, entre les membres d'un même groupe et, d'autre part, entre les membres de groupes différents, œuvrant dans la même organisation. L'équité concerne le niveau de la performance octroyée et les conséquences qu'il entraîne sur la carrière de l'apprécié.

Faire régner un sentiment général d'équité dans l'organisation est l'un des défis majeurs de l'appréciation des performances, qui met largement en cause les pratiques de gestion des ressources humaines. L'employé doit percevoir qu'aucun privilège indu n'est accordé à la direction ou à des groupes spécifiques d'employés. Pour atteindre ce but, les intervenants, spécialement les appréciateurs, doivent s'assurer que les pratiques de gestion des ressources humaines sont conformes aux valeurs qui ont été adoptées. Il leur faut donc vérifier minutieusement si les pratiques de gestion sont conformes aux idéaux transmis formellement dans l'organisation, d'où la nécessité d'évaluer régulièrement les programmes de gestion des ressources humaines.

ÉQUITÉ PERÇUE

L'équité perçue influe sur les attitudes du personnel et sur les comportements observés en phase post-appréciation. Le sentiment d'être considéré justement accroît l'engagement envers l'organisation et la satisfaction au travail (Cropanzano et Greenberg, 1997). Les employés se sentant traités équitablement entretiennent de meilleures relations avec leur environnement et recourent davantage au travail en équipe (Moorman, 1991). Ainsi, la perception d'être traité correctement réduit sensiblement l'émergence des griefs et le taux de rotation du personnel ainsi que les cas de sabotage et de vol dans l'organisation (Greenberg, 1990). En outre, un traitement équitable des employés lors d'événements stressants, comme des mises à pied, contribue à susciter des attitudes plus positives chez les victimes de ces mesures (Konovski et Brockner, 1993). Il est donc indéniable que l'impression d'avoir été apprécié équitablement a une influence positive sur les attitudes et les comportements en contexte de travail.

ÉQUITÉ INTERNE

L'équité interne ou la justice distributive est un élément déterminant de la qualité de la vie au travail. Le caractère fréquent et complexe des relations de travail soulève cependant une difficulté éthique. Il est difficile de reconnaître au même degré tous les membres d'une organisation et d'obliger l'un sans affecter son voisin, car tout le monde partage le même espace organisationnel (Moussé, 2001). En principe, l'équité vise à reconnaître à chaque employé des droits égaux dans la poursuite de son expérience de travail.

Le développement d'un sentiment d'équité provient de l'application d'un ensemble de conditions de travail accessibles à tous comme un régime d'assurance vie, d'assurance maladie et d'assurance salaire, ainsi que des services physiques tels que les fournitures et outils requis pour effectuer le travail. Dans tous les cas, ces conditions de travail doivent être adaptées aux besoins du milieu de travail. L'accessibilité du personnel à un régime de conditions de travail commun qui tient compte, dans la meilleure mesure possible, des besoins individuels est certes une voie privilégiée pour établir et protéger une perception d'équité interne dans l'entreprise.

3.4. LES VALEURS ET LES DROITS

Les valeurs et les droits sont indissociables dans les organisations. Il est difficile d'invoquer les unes sans faire valoir les autres. Il s'agit de deux enjeux incontournables en appréciation des performances.

3.4.1. Les valeurs

Les valeurs jouent un rôle important dans la détermination de la culture d'entreprise. Orientant les modes d'action et de décision, les valeurs influent finalement sur les normes de comportement et, implicitement, sur les critères d'appréciation en fonction desquels sont établis les objectifs individuels ou organisationnels, à court ou à long terme (Ladrière, 2001). De plus en plus, les organisations élaborent, confirment et publicisent leurs valeurs auprès de leurs employés et de leur clientèle. Ces valeurs sont issues logiquement d'une observation attentive des réalités de l'entreprise et favorisent le consensus entre ses membres. Les valeurs incarnent un ensemble de règles de conduite individuelles privilégiées par une organisation et jugées conformes à un idéal de service.

VALEURS EN RELATION AVEC LE STATUT D'EMPLOI

De manière générale, les valeurs peuvent différer selon qu'un individu exerce le rôle de dirigeant ou d'employé. En outre, les valeurs des dirigeants et des employés sont interdépendantes et sujettes à des variations mutuelles. Les valeurs des dirigeants ont tendance à mettre en évidence l'entreprise comme entité. Elles sont orientées vers la sécurité et le développement de l'organisation. Les valeurs des employés concernent plutôt la reconnaissance, la justice interne, le caractère raisonnable des conditions de travail ou la démocratie industrielle.

RÔLES DES VALEURS

Les valeurs servent de critères ou de normes qualitatives dans la formulation d'opinions ou dans la planification de l'action. Elles déterminent ce qui est préférable et donnent emprise à un mode global de pensée. Les valeurs façonnent un ensemble de droits et de devoirs propres à chaque milieu de travail. Ces droits et ces devoirs s'expriment sur des bases collective ou individuelle.

3.4.2. Les droits

Les droits représentent la faculté personnelle d'accomplir quelque chose en vertu de règles reconnues. Ils procurent un niveau donné d'autorité personnelle. Ils créent une influence ou un pouvoir spécifique pour des individus ou des groupes en situation de travail. Les droits possèdent leurs limites propres. Ils concernent abondamment des réalités liées au respect, à la dignité et à l'autonomie (Desjardins et McCall, 2000).

Un milieu de travail comporte un certain nombre de droits formels ou informels qui s'adressent généralement à tous les membres de l'organisation et qui concernent les sujets suivants :

- ♦ la sécurité et l'intégrité de la personne ;
- ♦ la liberté de conscience, de religion, d'opinion et d'expression ;
- ♦ la sauvegarde de la dignité, de l'honneur ou de la réputation ;
- ♦ le respect de la vie privée ;
- ♦ la protection du secret professionnel ou du secret d'entreprise.

LES DROITS DE L'APPRÉCIÉ

L'apprécié possède la pleine jouissance de ses droits, qu'il exerce en respectant l'ordre organisationnel, ou ce qu'il est convenu d'appeler le bien-être général de l'entreprise, comme le droit d'accéder aux informations requises pour accomplir son travail. Les prérogatives de l'apprécié sont nécessaires au même titre que celles de l'appréciateur pour assurer le succès de l'organisation. L'apprécié œuvre dans la pleine mesure de ses moyens à la réalisation de la mission de l'entreprise. Il doit alors être capable d'exercer ses libertés individuelles et fondamentales dans son contexte de travail. Plus que tout, l'apprécié a besoin d'un milieu de travail où il puisse se sentir respecté.

LES DROITS DE LA DIRECTION

La direction possède le droit de prendre un ensemble complexe de décisions propres au maintien et au développement de l'organisation. De manière générale, l'expression des droits de la direction ne peut avoir pour effet de contrevenir aux lois ou conventions de travail en vigueur.

Le droit de l'employeur de diriger son entreprise est discrétionnaire en l'absence de dispositions légales contraires. Ainsi, la direction possède le droit de prendre toutes les décisions nécessaires au bon fonctionnement de l'entreprise mais de manière compatible avec les droits accordés aux employés. C'est dans ce contexte qu'un employeur ne saurait faire preuve d'un abus de droit ou de mauvaise foi dans l'appréciation des performances de son personnel.

Les droits traditionnels d'un employeur en matière de gestion de l'entreprise concernent des activités administratives telles que :

♦ choisir ses effectifs ;

♦ réaliser des changements technologiques ;

♦ gérer la présence au travail ou contrôler l'absentéisme ;

♦ fixer des normes raisonnables de productivité, de qualité et d'excellence.

Les droits de la direction fluctuent selon les situations, et plus précisément selon le contenu des lois ou des conventions du travail. L'expression des droits de la direction sur la vie de travail d'un employé est fonction du statut ou des droits de ce dernier dans l'entreprise.

3.5. LES DEVOIRS LIÉS À L'APPRÉCIATION

Le régime général de devoirs peut se révéler un outil puissant afin de prévenir et de régler les éventuels conflits qui interviennent dans le processus de transmission des résultats liés aux performances des appréciés (McCabe et Rabil, 2002). Les régimes de devoirs de l'employeur et ceux des employés sont à la fois partagés et spécifiques. Dans une entreprise, les règles éthiques ou déontologiques se traduisent par des obligations ou des devoirs dont les principaux sont la transparence, la subordination, la diligence, le compte rendu, la loyauté ou la fidélité, la prestation de travail et, finalement, le service à la clientèle (Bernatchez, 2002).

3.5.1. Le devoir d'équité

Le devoir d'équité implique un sens naturel de la justice. Il commande également le respect des droits de chaque employé et de la direction de l'entreprise dans un cadre d'impartialité. Le besoin d'équité est un préalable à toute prise de décision. Ce devoir amène un employeur qui doit prendre une décision consécutive à l'appréciation des performances à procéder normalement en deux phases successives :

♦ il s'assure d'abord que les employés concernés comprennent ses décisions en transmettant clairement les motifs qui les justifient ;

♦ il agit ensuite de telle sorte que les employés puissent faire valoir leur opinion sans menace de représailles ou de contraintes démesurées.

Le devoir d'équité oblige à composer avec les différences d'opinions exprimées par les appréciateurs et les appréciés plutôt que de chercher à les combattre ou à les éliminer. L'acquittement du devoir

d'équité implique la mise en vigueur d'une méthode formelle de média-
tion dans le cadre de l'appréciation. Cette méthode s'infère logiquement
d'un processus de résolution de problèmes.

Le devoir d'équité s'applique à juste titre à l'ensemble des pratiques de gestion des ressources humaines. Ainsi, il est attendu que la
gestion de l'appréciation des performances soit exempte de favoritisme.
Par exemple, les décisions prises à la suite d'une appréciation doivent
s'appuyer sur des critères objectifs et les promotions être accordées selon
des normes connues de tous. Selon le devoir d'équité, l'appréciation est
liée aux réalités du travail.

3.5.2. Le devoir de transparence

La transparence implique une gestion compétente des communications
dans l'organisation, qu'elles soient écrites, verbales, électroniques, hori-
zontales ou verticales. L'apprécié s'attend à recevoir une information
fiable et pertinente. Celle-ci lui permet, d'une part, de comprendre son
rôle dans le succès de l'organisation et, d'autre part, de contrôler lui-
même la qualité de son travail. L'environnement externe de l'entreprise
commande des pratiques managériales transparentes puisque, de toute
façon, l'employé a, de nos jours, accès à une gamme signifiante d'informations sur l'organisation par l'intermédiaire des technologies de l'information. La transparence se réalise aussi par l'accessibilité de la direction,
laquelle devient un support important pour l'apprécié, celui-ci pouvant
dès lors atteindre un niveau de performance élevé. Les appréciés doivent
comprendre que l'expression de leurs idées est encouragée dans un climat
de souplesse.

3.5.3. Le devoir de subordination

Le devoir de subordination impose à l'employé d'appliquer les directives
de l'autorité constituée dans la mesure, évidemment, où ces directives
sont en relation avec le contrat d'affaires de l'employeur. Ce qui est
demandé à l'apprécié doit être conforme au mandat qui lui a été confié
sur une base implicite ou explicite, verbale ou écrite.

3.5.4. Le devoir de diligence

Le devoir de diligence exige que l'apprécié fasse preuve de promptitude
dans l'exécution de son travail. La promptitude réfère à la rapidité avec
laquelle l'apprécié réalise le travail requis. Exécuter une fonction avec
promptitude, c'est effectuer les opérations d'un emploi dans un temps
imparti. C'est aussi réaliser ses objectifs ou ses projets dans un délai
conforme aux réalités d'une fonction honnêtement accomplie.

L'employé diligent agit en tenant compte des délais mis à sa disposition à moins que ceux-ci ne soient indus ou déraisonnables. Il est conscient que le temps perdu ne peut être retrouvé sans un travail plus ardu à l'avenir. En conséquence, la prise en charge convenable du temps dont il dispose fait partie intégrante du devoir de diligence. Si l'apprécié ne peut produire ses résultats dans le temps prévu, il fournit normalement les justifications nécessaires.

3.5.5. Le devoir de discrétion

Le devoir de discrétion exige qu'un apprécié attribue un caractère confidentiel à certaines catégories d'informations dont le dévoilement serait susceptible de nuire au projet d'affaires de l'employeur. Ce devoir s'applique à une multitude de professions telles que l'ingénieur à l'égard des brevets manufacturiers, le professeur à l'égard des dossiers des étudiants ou le professionnel de la santé à l'égard des maladies de ses clients. La discrétion est d'usage, surtout là où il faut éviter de nuire à des réputations, d'indisposer un employeur ou ses employés, ou de porter préjudice au développement éventuel de l'entreprise.

3.5.6. Le devoir de rendre compte

Un employé rend normalement compte de ses actes aux personnes qui l'emploient. Compte tenu du fait que son employeur bénéficie des résultats de sa prestation de travail moyennant une rémunération, ce dernier est en droit d'être valablement informé du déroulement de l'activité de travail de l'employé. Le devoir de rendre compte représente la contrepartie des responsabilités ou des privilèges qui ont été accordés à l'apprécié.

3.5.7. Le devoir d'efficacité

Par sa prestation de travail, un apprécié s'engage, implicitement ou explicitement, à produire une valeur ajoutée en contrepartie d'une prestation de travail rémunérée. En vertu d'un principe de valeur ajoutée, le travail d'un apprécié doit correspondre à l'équivalent de ce qu'il a coûté ou rapporter davantage que son coût global. Par conséquent, ce travail est placé sous l'égide de la qualité et on attend de l'apprécié la disponibilité que sa fonction exige. Chacun, qu'il soit appréciateur ou apprécié, fournit une prestation de travail raisonnable, c'est-à-dire conforme au contrat d'affaires intervenu au moment de l'embauche.

3.5.8. Le devoir de service à la clientèle

L'approche client implique un ensemble de devoirs à l'égard de ceux qui justifient l'existence de l'organisation. Pour l'apprécié, être centré sur le client, c'est l'accueillir, c'est être à l'écoute de ses besoins et c'est aussi exprimer des propos gratifiants à son endroit. Par l'approche client, l'apprécié se perfectionne constamment. Il œuvre ainsi dans une dynamique d'amélioration continue.

La qualité du travail implique que l'apprécié accorde à son employeur l'attention dont il entourerait ses propres affaires. Il exécute sa prestation de travail avec les moyens dont il dispose. Un apprécié tient compte de ce qu'une organisation est constituée de plusieurs équipes et qu'il fait normalement partie de l'une d'entre elles. Par conséquent, ses standards de performance sont également ceux d'autrui ; il ne pourrait réduire la qualité de son travail sans affecter celle des autres membres de l'organisation.

3.5.9. Le devoir de loyauté

Le devoir de loyauté requiert une forme d'adhésion ou d'attachement à la cause pour laquelle un apprécié est rémunéré. Le devoir de loyauté découle de la bonne foi inhérente à toute relation contractuelle ; il s'élève logiquement avec les responsabilités de l'emploi. Essentiellement, cela signifie qu'un apprécié agit de manière à ne pas nuire aux affaires de son employeur. En outre, pour ce dernier, le devoir de loyauté consiste notamment à faire preuve de solidarité à l'égard de ses employés.

3.5.10. Le devoir de civilité

Le devoir de civilité requiert qu'un membre d'une organisation fasse preuve d'une conduite correcte avec les membres de l'organisation et de la clientèle. À titre d'exemple, le devoir de civilité se caractérise par un contact agréable avec les collègues, c'est-à-dire une attitude exempte d'arrogance. Le devoir de civilité postule un comportement qui consiste à éviter de tenir des propos désobligeants à l'égard de l'un ou l'autre des membres de l'organisation. Autrement dit, il appartient à chacun de démontrer un niveau acceptable de savoir-vivre à l'égard d'autrui dans un environnement spécifique de travail.

Le devoir de civilité implique que l'employeur gère l'entreprise de manière à maintenir un bon climat de travail. Ce devoir exige aussi qu'un dirigeant ne formule pas de propos désobligeants envers ses subalternes, même pour une cause qu'il considère juste. Ce principe vaut aussi pour un employé à l'égard de l'employeur. Dans sa recherche d'efficacité, l'employeur assume la responsabilité d'adopter une méthode propre à créer un climat de travail favorable.

La direction, dans l'actualisation de son devoir de civilité, s'assure que chacun des appréciés comprend en quoi les responsabilités dévolues à ses collègues peuvent constituer un apport à son propre travail. En effet, la collégialité est une ressource appréciée, puisque le succès des organisations gagnantes est largement attribuable à la qualité interne des relations humaines. Il est donc opportun que les employés échangent entre eux sur les meilleures façons de faire afin d'obtenir les meilleurs résultats.

Si la direction jugeait qu'un apprécié manquait à l'un ou l'autre de ses devoirs, elle devrait logiquement informer l'intéressé et lui faire part, le plus précisément possible, du changement souhaité. En cette matière, l'employeur doit s'assurer que la situation à corriger est réelle et stable dans le temps. Cependant, comme en matière d'éthique un manquement peut concerner non seulement l'apprécié lui-même mais également ses collègues de travail et ses patrons, l'employeur doit parfois tenter de modifier l'environnement de l'employé en présence d'un manquement déontologique. Autrement dit, il vaut mieux, en cette matière, prévenir que guérir, d'où la nécessité de traiter les manquements selon les principes éthiques concernés. En ce domaine, une responsabilité collective se juxtapose souvent à la responsabilité individuelle.

3.6. LES DÉFIS DE L'APPRÉCIATEUR

Les droits et devoirs de chacun au sein de l'organisation entraînent inévitablement des défis pour l'appréciateur. Il doit en même temps être juge et partie. Il a pour tâche d'apprécier la performance d'un employé, en tenant compte de ses droits, sans toutefois oublier ceux qu'il possède lui-même en tant que gestionnaire.

3.6.1. Premier défi : dégager les bons des mauvais résultats

En appréciation des performances, les gestionnaires font face à un certain nombre de paradoxes. Il leur faut discriminer les meilleurs résultats et les plus faibles. Ils doivent aussi associer les droits collectifs et les droits individuels. Il importe, en outre, de mettre en œuvre un régime de récompenses qui soit en relation avec les performances observées sans quoi l'idée d'apprécier les performances perd beaucoup de sens. Il faut dire à certains individus que leurs résultats sont insuffisants tout en recherchant la motivation généralisée des membres du personnel. L'appréciateur doit aussi établir la liste des employés qui sont excellents et celle des employés sous-performants. Cette dernière opération permettra simultanément à l'ensemble des appréciés concernés d'évaluer, du moins informellement, la qualité du jugement de l'employeur en matière de performance au travail. Et, par la suite, l'appréciateur œuvrera quotidiennement avec l'ensemble des employés, qu'ils soient ou non satisfaits de leur appréciation. C'est là un des paradoxes de l'appréciation des performances.

3.6.2. Deuxième défi : bien connaître l'apprécié

Un problème souvent évoqué lors de l'appréciation des performances est l'insuffisance de connaissances de l'appréciateur sur le travail des appréciés. Le fait d'être le supérieur hiérarchique ne lui attribue pas automatiquement une connaissance exacte du travail de l'apprécié. D'ailleurs, souvent, un dirigeant est à même de constater qu'il ne connaît pas autant ses employés qu'il le croyait. Cela découle du fait qu'il ne travaille pas régulièrement avec eux, puisque son travail administratif exige sa présence ailleurs. Par conséquent, la séance d'appréciation des performances réserve souvent des surprises autant à l'appréciateur qu'à l'apprécié. Il importe donc que le résultat final attribué par un appréciateur soit la conséquence d'un processus soigneusement planifié.

3.6.3. Troisième défi : motiver les appréciés

Le cas suivant illustre une problématique d'appréciation des performances (Gilliland et Langdon, 1998).

La direction des ressources humaines d'une entreprise suggéra de décentraliser l'appréciation des performances : chaque département pouvait même, dorénavant, utiliser ses propres formulaires. Jeanne, la chef de service, trouvant les formulaires en usage dans son organisation trop complexes, se fit acheminer par un ami dont le travail était similaire au sien dans une autre organisation le document en usage dans le service équivalent. Elle fut immédiatement impressionnée par la simplicité du formulaire sur lequel on retrouvait, notamment, les éléments suivants : qualité, quantité, connaissance du travail et assiduité. Le tout tenait sur une seule page. Enfin, Jeanne allait pouvoir compter sur un outil qui prenait mieux en compte les véritables préoccupations de son département. Adieu, la sophistication inutile proposée par la direction des ressources humaines.

Le temps venu d'apprécier les performances, à la fin de l'année, Jeanne choisit de faire le travail à l'aide du nouveau formulaire pour ses 22 employés. Elle se réjouissait de pouvoir compter sur un document d'une seule page, alors que l'usage du formulaire institutionnel aurait transformé le processus d'appréciation des performances de ses employés en un travail long et ardu. Au fur et à mesure qu'elle s'adonnait à la difficile tâche d'apprécier les résultats du travail de ses subalternes, elle se rendait compte, cependant, qu'elle ne les connaissait pas autant qu'elle le croyait initialement. Mais, n'ayant pas véritablement d'autre choix, elle décida de poursuivre le travail d'appréciation pour chacun de ses employés sur la base des renseignements qu'elle avait déjà en sa possession ou en faisant appel à la mémoire qu'elle avait gardé de ses observations passées. Elle éprouva quelques difficultés avec deux ou trois employés qui se présentaient souvent en retard au travail ou ne respectaient pas toujours les dates de tombée. À ceux-là, elle choisit d'attribuer la cote «insatisfaisant» pour les facteurs «initiative» et «assiduité». Aux quelques employés qui lui semblaient excellents pour l'ensemble des cotes, elle attribua la meilleure cote générale et décida de leur faire verser un boni pour contribution exceptionnelle. Elle évalua le reste du personnel en utilisant la cote «satisfaisant» sur la base de ce qu'elle pouvait se rappeler et se réjouit d'avoir terminé le travail si rapidement.

Elle convoqua par la suite chacun de ses 22 employés à une session d'appréciation d'une durée approximative de trente minutes. Dans les semaines qui suivirent les rencontres d'appréciation, Jeanne remarqua une détérioration importante des relations de travail dans son département. Ceux qui avaient reçu un boni pour contribution exceptionnelle hésitaient à en parler ouvertement. Les deux ou trois employés ayant reçu la cote «insatisfaisant» osaient à peine la regarder. En outre, parmi les employés ayant reçu la cote «satisfaisant», un certain nombre faisaient preuve de mécontentement, quelques-uns allant même jusqu'à demander à être mutés dans un autre département. En clair, elle constatait deux attitudes: l'indifférence et le déplaisir. Aucune des deux ne pouvait lui plaire. Jeanne se demanda alors comment faire pour régler ce nouveau problème qu'elle avait elle-même engendré.

Le cas précité démontre à quel point un système conçu initialement pour reconnaître le mérite et motiver les ressources humaines peut produire les effets inverses à ceux recherchés. Nombre de fois, le résultat d'une opération liée à l'appréciation des performances engendre plutôt du déplaisir, du ressentiment et de la frustration. Les problèmes soulevés sont tels que certains se demandent, particulièrement chez les employés, si l'appréciation des performances ne devrait pas être remise en cause dans les organisations (Mathews, 1994). En effet, la plupart des problèmes soulevés concernent l'équité perçue, à l'instar d'ailleurs d'autres systèmes de gestion des ressources humaines comme les régimes de rémunération ou de promotion (Cropanzano et Greenberg, 1997). Il est vrai que les régimes de rémunération variables et de promotion sont généralement la conséquence de l'appréciation des performances. Néanmoins, celle-ci présente plus d'avantages que d'inconvénients, et ses avantages sont liés notamment à la façon dont elle est réalisée. Elle doit s'actualiser dans un climat de justice et d'équité, le tout inséré dans le cadre d'un régime de devoirs appropriés. On peut donc conclure que les difficultés seraient grandement réduites si le processus d'appréciation des performances était appliqué dans le respect de principes éthiques connus dans l'organisation.

Les critères occupent une place de choix dans tout programme complet d'appréciation des performances. Ils permettent de saisir le caractère appliqué du processus et assurent la validité du questionnaire d'appréciation. Un critère mal formulé favorise l'apparition d'une appréciation erronée ou manquant de rigueur. La performance de l'apprécié ne reflète alors pas sa contribution réelle. Ainsi, un appréciateur pourrait noter positivement un employé sous-performant et vice versa. Il est donc important que la sélection et la construction des critères d'appréciation soient effectuées judicieusement.

Un critère doit être pertinent, rigoureux et cohérent. Les critères sont de trois ordres : les objectifs de travail, les champs de fonction et les caractéristiques individuelles. Ils sont habituellement établis du haut vers le bas de la structure organisationnelle. Le degré de mesure d'un critère est variable, ce dernier pouvant présenter un caractère qualitatif ou quantitatif.

L'objectif de ce quatrième chapitre est d'établir les différentes catégories de critères, de préciser leurs caractéristiques essentielles et d'expliquer leur rôle dans le cadre d'un programme d'appréciation des performances.

4.1. LES QUALITÉS D'UN CRITÈRE

Les critères sont à la base de la performance de l'apprécié. Ils représentent essentiellement le moyen pour formuler une appréciation objective. Par exemple, ils permettent de distinguer une performance élevée d'une autre qui serait plus faible. Les critères sont logiquement issus d'une analyse exhaustive et systématique du travail des appréciés et, dans une certaine mesure, de la mission de l'organisation dans son ensemble. Voici les principales qualités attendues d'un critère d'appréciation des performances.

LA PERTINENCE

La formulation d'un critère doit être non équivoque et tenir compte de la nature du travail. Elle doit être compréhensible à la fois pour l'apprécié et pour l'appréciateur. Ces derniers doivent non seulement comprendre les critères mais aussi leur donner un sens similaire ou les saisir de la même façon. En outre, ceux-ci doivent répondre aux réalités du poste et évoquer clairement une notion de pertinence. L'exigence de pertinence implique que chaque critère tienne compte de la relation souvent observée entre les performances individuelles et celles qui appartiennent aux équipes de travail. En effet, il serait trompeur de vanter les mérites du travail d'équipe sans en tenir compte dans l'appréciation des performances des membres de l'organisation.

LA RIGUEUR

Un critère doit être rigoureux. Un certain nombre de conditions contribuent à augmenter la rigueur d'un critère. Il faut d'abord choisir des mots précis et réalistes pour le formuler. Il faut ensuite bien comprendre le travail qui doit être accompli et se poser la question suivante : que représente le travail à faire ? Le critère ne doit être ni trop facile ni trop difficile à appliquer.

Un critère rigoureux comprend normalement des indicateurs concrets ou tangibles. Il doit dépasser le stade des définitions vagues ou conceptuelles (Guion, 1998). Il permet de déterminer la performance attendue et reflète les standards à respecter. Par conséquent, un critère constitue par lui-même une forme d'objectif à atteindre (Schneider et

Schmitt, 1986). Les critères concernent à la fois les équipes de travail et les individus qui les composent. Voici des exemples de critères présentés sous la forme de ratios qui pourraient servir à évaluer les réalisations d'une équipe de travail :

- ♦ le nombre d'unités produites par rapport au nombre d'unités planifiées ;
- ♦ le coût des absences pour cause de maladie par rapport au coût global du travail ;
- ♦ le temps payé à des fins de perfectionnement par rapport au temps global de travail payé ;
- ♦ le nombre de suggestions officiellement reçues de la part des employés par rapport au nombre de suggestions ayant reçu un écho favorable ;
- ♦ le degré de satisfaction du personnel ou des membres de l'équipe tel qu'il est exprimé dans un sondage d'opinion.

Par ailleurs, d'autres critères pourraient servir à évaluer des réalisations individuelles tels que :

- ♦ pour les champs de fonction (exemple : une préposée ou un préposé à la réception) :
  - – la vitesse d'enregistrement des articles à la caisse,
  - – le nombre de messages reçus,
  - – le nombre de messages transmis ;
- ♦ pour des objectifs (exemple : un(e) secrétaire) :
  - – apprendre le fonctionnement d'un logiciel de bases de données ;
- ♦ pour des caractéristiques individuelles (exemple : une dirigeante ou un dirigeant quant à son leadership) :
  - – le degré auquel le cadre a influencé le cheminement d'un dossier,
  - – le degré auquel le cadre a fait accepter un changement par les personnes se trouvant sous sa supervision.

LA COHÉRENCE

Les critères doivent être cohérents dans le sens que deux critères d'une même appréciation ne sauraient se contredire mutuellement. Néanmoins, leur formulation doit être souple. Les critères peuvent faire l'objet de modifications en cours de période appréciative ou d'une période à l'autre si cela permet de maintenir leur degré de cohérence. L'exigence de la cohérence implique que les critères d'appréciation soient, autant que possible, mutuellement exclusifs. Ainsi, dans le cas où un critère mesure un domaine de compétence, aucun autre critère de la même appréciation ne visera ce domaine. La qualité de la formulation des critères contribue à l'atteinte d'un niveau de cohérence élevé.

Des critères cohérents sont susceptibles de livrer une appréciation juste de la performance de l'apprécié. Pour cela, lors de la formulation d'un critère, il est pertinent de considérer les éléments de base ou l'infrastructure du travail de l'apprécié. Il devient alors plus facile d'établir ce qu'il est pertinent d'observer dans les diverses composantes de la performance future de l'apprécié, car un critère est conçu pour servir spécialement à cet effet lors de la revue de performance.

4.2. LES TYPES DE CRITÈRES

Comme il a été mentionné antérieurement, il existe essentiellement trois types de critères : les objectifs de travail et les champs de la fonction représentent les aspects les plus rationnels de l'appréciation, alors que les caractéristiques individuelles représentent principalement des traits personnels ou des exigences liées au poste d'un employé.

4.2.1. Les objectifs de travail

Les objectifs permettent d'anticiper le travail à faire en un temps donné, en y juxtaposant les activités correspondantes. En effet, chaque objectif comporte normalement ses propres activités. Pour certaines catégories d'emplois, les objectifs se confondent avec l'exécution régulière de la fonction. Le concept de résultat est un élément central dans toute démarche réussie d'appréciation des performances (OCDE, 1997).

Si le travail d'un individu consiste à planifier des développements futurs dans l'organisation, la rédaction des objectifs sera généralement facile. Tel n'est pas le cas, par exemple, chez un préposé à la clientèle à cause du caractère ponctuel des opérations d'un tel poste. En clair, bien qu'il soit toujours possible de rédiger des objectifs, le degré de difficulté de l'exercice varie d'une fonction à l'autre. D'où la nécessité d'utiliser parfois l'un ou l'autre des deux autres catégories de critères, soit les champs de fonction et les caractéristiques individuelles.

La notion d'objectif met l'accent non pas sur les tâches à exécuter, les fonctions à accomplir ou les moyens à utiliser mais plutôt sur les résultats anticipés par l'apprécié. Ces objectifs peuvent prendre la forme de niveaux de qualité, de quantité ou d'intensité (McConnell, 1991). Un objectif comporte habituellement un délai de réalisation et s'insère facilement dans une dynamique de projet. La mise en place d'objectifs implique l'expression par la direction d'une opinion formelle quant au développement futur de l'organisation; celle-ci doit également être en mesure d'en expliquer la teneur et le sens.

La méthode des objectifs convient davantage aux postes de direction. À ce niveau, elle a été et demeure encore largement répandue en matière d'appréciation de performances. Elle a l'avantage d'appuyer la réflexion sur les principaux défis de l'organisation. La détermination des objectifs de travail postule l'anticipation d'un résultat ultérieur. Elle implique également que l'on puisse trouver un équilibre entre le besoin d'autonomie de l'apprécié dans sa fonction et la nécessité d'un effort collectif discipliné. Néanmoins, à cause des incertitudes, des imprévus et des réalités propres à certaines catégories de tâches, la méthode des objectifs présente intrinsèquement quelques difficultés. Il n'est pas toujours facile de prévoir l'avenir avec exactitude et des révisions de parcours s'imposent parfois. Dans un contexte imprévisible et turbulent, la méthode des objectifs requiert donc des dépenses relativement élevées en énergie et en temps.

Les objectifs sont généralement fixés en haut de la structure administrative. Ils sont ensuite transmis vers le bas de l'organisation. Il est indiqué que la haute direction recense les besoins de la base avant de les établir. Ce processus descendant vise l'insertion de la vision ou de la philosophie de gestion dans le processus de fixation des objectifs.

Il existe différents niveaux d'objectifs selon les organisations. Ceux de la haute direction ou du conseil d'administration sont d'un niveau organisationnel alors que ceux des employés qui agissent directement à l'échelle des opérations sont d'ordre individuel. Une entreprise présente donc des objectifs de divers niveaux de référence selon les individus impliqués dans leur réalisation.

OBJECTIFS DE FONCTIONNEMENT ET DE DÉVELOPPEMENT

Il existe des objectifs de fonctionnement et de développement. Les objectifs de fonctionnement concernent l'exécution régulière d'une fonction dans le temps. Ceux de développement réfèrent à des projets nouveaux ou futurs. Ces objectifs se réalisent généralement dans le cadre de projets. Ils concernent peu les dossiers courants ou la quotidienneté de l'organisation. Les objectifs de fonctionnement et les objectifs de développement sont, dans une certaine mesure, indissociables et font partie de la mission fondamentale de toute entreprise.

Une gestion prudente par objectifs évite d'accorder plus d'importance à l'une ou l'autre des catégories d'objectifs. Il existe des individus dont la fonction consiste à développer le milieu de travail, par exemple, un coordonnateur à la planification. Parallèlement à cela, d'autres emplois, comme celui de coordonnateur à l'entretien, comportent des objectifs principalement axés sur le fonctionnement des systèmes en place. Donc, qu'il s'agisse de fonctions liées au développement ou de tâches intégrées au fonctionnement de l'entreprise, les deux ont leur utilité propre et l'une n'est pas *a priori* plus importante que l'autre ; tous les objectifs ont leur utilité propre.

ÉTAPES D'ÉLABORATION DES OBJECTIFS DE TRAVAIL

Les étapes à franchir pour l'ensemble d'une entreprise en vue de produire une appréciation de performances selon l'approche par objectifs sont, globalement, les suivantes :

- ♦ étude des besoins de l'organisation et établissement des priorités à court, moyen et long terme ;
- ♦ détermination des objectifs des cadres. Cela se fait de préférence en consultation avec les employés ;
- ♦ fixation des objectifs des employés en coopération avec leurs supérieurs hiérarchiques ;
- ♦ révision de parcours des objectifs, par exemple après six mois si le cycle de réalisation des objectifs est d'une année ;
- ♦ révision finale des objectifs par les appréciateurs et les appréciés ;
- ♦ préparation d'une rencontre d'appréciation ou de la revue de performance.

Par souci d'efficacité, la formulation des objectifs doit être concrète et opérationnelle. Ainsi, chaque objectif comporte soit un bref plan d'action qui représente les activités essentielles à sa réalisation, soit un standard de performance ou un indicateur susceptible de contribuer à la compréhension de son degré de réalisation. Un délai d'exécution doit alors être prévu. Le tableau qui suit illustre un exemple tiré des objectifs d'un cadre de logistique.

TABLEAU 3
Illustration d'un objectif avec un plan d'action correspondant

Objectif	Plan d'action	Échéance
Réduire la valeur des inventaires de 10 %	• Recenser sur base d'échantillonnage 25 % des produits en inventaire. • Réévaluer leur fréquence d'utilisation respective.	30 avril

En matière de formulation d'objectifs de travail, on pourra utiliser la forme infinitive ou la forme subjonctive. La première, soit la forme infinitive, se traduirait par l'exemple suivant : «Mettre en vigueur un programme d'aide aux employés». La seconde se formulerait comme suit : «Que soit mis en vigueur un programme d'aide aux employés». Ces deux types de formulation ont une valeur équivalente.

PARTICIPATION DE L'APPRÉCIÉ

La participation de l'apprécié à l'élaboration des critères qui serviront à mesurer ses performances augmente, en principe, le degré de rigueur de l'appréciation qui sera effectuée à son sujet. Dans le but de se préparer à formuler ses objectifs de travail, l'apprécié est appelé à se poser les questions suivantes :

♦ Quelles sont les personnes qui utilisent les résultats de mon travail ?

♦ Quelles parties de mon travail ou de ma tâche seront les plus sollicitées par la nécessité de produire des résultats ou quels sont les aspects «clés» de ma fonction ?

♦ En ce qui me concerne, quels résultats sont anticipés ou attendus à un moment donné ?

♦ De quelle manière vais-je m'y prendre pour atteindre mes objectifs ou quel est mon plan d'action ?

♦ Sur qui ou sur quoi dois-je principalement compter pour réaliser mes objectifs ou quelles sont mes ressources ?

Si les critères d'appréciation sont liés au travail, leur réalisation augmentera le degré d'engagement de l'employé à l'égard de l'organisation et son sentiment d'accomplissement relativement à son emploi (Latham et Wexley, 1994). Il est donc important que celui-ci joue un rôle actif dans la formulation des critères à la base de sa performance. Le simple fait de convenir de critères d'appréciation, sous la forme d'objectifs ou autrement, représente en soi un avantage marqué par rapport à une situation non planifiée.

4.2.2. Les champs de fonction

Les champs de la fonction réfèrent aux activités ou aux mandats réguliers d'une personne. Les tâches peuvent certes être énoncées sous la forme d'objectifs, mais il est généralement difficile de les disposer globalement sous une telle forme, surtout dans certains emplois. Or, ces opérations quotidiennes et régulières sont souvent importantes, parfois même plus que les objectifs de travail élaborés dans un but d'appréciation. Elles méritent donc d'être prises en compte puisqu'elles sont bien réelles.

La difficulté de transposer des réalités de travail en objectifs fluctue d'un emploi à l'autre, ce qui s'explique de diverses façons. D'abord, il est quasi impossible de traduire sous forme d'objectifs la plupart des opérations routinières, car elles ne donnent pas de résultats observables comme c'est le cas pour les objectifs de travail en général. Par ailleurs, au moment de planifier l'appréciation, en début de processus, l'appréciateur et l'apprécié peuvent décider de ne pas préciser certains objectifs de travail ou oublier tout simplement de le faire, auquel cas l'apprécié pourra consacrer une part importante de son temps, parfois l'essentiel, à du travail qui ne fera pas partie de l'appréciation, du moins pas formellement.

Pour corriger cette lacune, il est utile de prévoir l'appréciation d'éléments « non objectivés » mais issus du poste. À titre d'illustration, voici des éléments d'ordre administratif qui peuvent être issus de plusieurs descriptions de fonctions, et qu'il est parfois difficile de transformer en objectifs :

- ♦ embaucher et accueillir les nouveaux employés ;
- ♦ répondre aux plaintes et analyser leurs causes ;
- ♦ voir à l'entretien des lieux physiques ;
- ♦ diriger et animer les équipes de travail ;
- ♦ coordonner les arrivées et les sorties de la clientèle ;
- ♦ préparer des rapports ou les budgets périodiques ;
- ♦ approuver des dépenses courantes.

La fixation des objectifs étant complétée, il est donc parfois nécessaire de se poser la question suivante : Y a-t-il des éléments ou des champs de la fonction qui représentent une partie importante du temps investi par l'employé dans l'organisation et qui ne sont pas considérés par les objectifs ? Rien n'empêche alors de prévoir l'appréciation éventuelle des principales opérations ou des tâches ainsi décelées dans une fonction.

4.2.3. Les caractéristiques individuelles

Bien qu'il soit important d'apprécier la performance d'un individu en considérant les éléments liés à sa fonction et à ses objectifs de travail, il est également reconnu qu'il faut se préoccuper des caractéristiques individuelles exigées par le contexte de travail et par l'entreprise dans son ensemble (Waldman, 1997). Plus précisément, ces caractéristiques représentent des connaissances, des habiletés, des aptitudes et des attitudes. Ce sont des dimensions recherchées chez un individu en situation de travail. Elles sont jugées nécessaires, puisque les exigences du poste, de la clientèle ou de l'organisation, le requièrent directement ou indirectement.

CRITÈRES SOUS L'AIRE D'INFLUENCE DE L'APPRÉCIÉ

Certains croient que les seuls critères réellement valables sont ceux sur lesquels l'apprécié possède une certaine influence personnelle. Il s'agit donc d'un critère sous l'aire d'influence de l'apprécié. *A contrario*, un critère non valable serait largement soumis à des influences extérieures au champ de compétence de l'apprécié. Ces influences extérieures viendraient influer sur la performance de l'apprécié sans que celui-ci puisse intervenir ; il pourrait s'agir, par exemple, d'une situation économique difficile qui ferait obstacle à l'atteinte des objectifs préalablement fixés.

Précisons que les critères liés aux caractéristiques individuelles ont parfois une connotation trop qualitative ; ils sont difficilement mesurables ou présentent trop de subjectivité. Par conséquent, leur utilisation exclusive ne fait pas l'unanimité. Malgré tout, compte tenu de l'importance des personnalités dans le succès d'une organisation, il est difficile d'éviter d'utiliser certaines caractéristiques individuelles qualitatives comme critères d'appréciation. Si tel est le cas, les deux conditions suivantes devraient être respectées :

1. apprécier les caractéristiques individuelles en juxtaposition avec des objectifs ou des champs de fonction, soit les tâches courantes de l'emploi ;
2. privilégier les caractéristiques individuelles quantitatives plutôt que celles qui sont qualitatives.

CRITÈRES ET RÉALITÉS DU TRAVAIL

Bon nombre de caractéristiques individuelles sont choisies ou utilisées simplement sur la base de leur accessibilité ou de leur pertinence apparente. C'est le cas de critères qui font simplement partie de la tradition orale de l'entreprise. Par exemple, chez les dirigeants, l'usage de critères contenant les expressions « leadership » ou « sens de l'initiative » coule de source. Le choix d'une caractéristique individuelle est une chose, mais son objectivation en est une autre. Ainsi, pour vérifier si les individus obtenant les meilleurs scores au critère « leadership » sont véritablement les meilleurs « leaders » de l'organisation, il faudra s'assurer que les indicateurs du leadership représentent les réalités du travail de l'apprécié le plus précisément possible. Il faut donc faire preuve de rigueur dans l'élaboration de critères liés aux caractéristiques individuelles ; la prudence est requise autant dans leur choix que dans leur mesure.

TYPOLOGIE DES CRITÈRES

Les caractéristiques individuelles ont fait l'objet de fréquentes typologies (Dunnette, 1976; Spencer et Spencer, 1993; Pettersen, 2000). Cinq catégories permettent de regrouper l'ensemble des caractéristiques individuelles. Il s'agit des connaissances, des habiletés psychomotrices et cognitives, des aptitudes intellectuelles et, finalement, des attitudes comme celles présentées au tableau suivant.

TABLEAU 4
Catégories de caractéristiques individuelles

Type de caractéristiques	Définition	Exemples
1. Connaissances	Ensemble d'instructions et d'informations acquises dans le passé, qui portent sur la science ou une discipline ainsi que des faits, des règles ou des procédures.	Connaissance des composantes ou du fonctionnement d'un logiciel, d'une loi, d'un équipement, d'un procédé, de la rédaction de rapports, etc.
2. Habiletés psychomotrices	Capacité identifiable impliquant par exemple les mouvements du corps comme la force musculaire, la dextérité manuelle ou l'amplitude articulaire.	Dactylographier, enfiler des aiguilles, enrouler des fils ou insérer une clavette dans un tube, fixer des poutrelles métalliques sur les structures, etc.
3. Habiletés cognitives	Capacité intellectuelle observable dans l'accomplissement appris d'une activité ou d'un emploi.	Rédiger un rapport technique, faire une recherche, synthétiser des informations de diverses natures.
4. Aptitudes intellectuelles	Disposition naturelle ou acquise. Les aptitudes sont de l'ordre du potentiel par rapport aux habiletés qui possèdent un caractère plus appliqué.	Mémoire, compréhension et expression verbales, rapidité de perception, visualisation spatiale, aisance numérique.
5. Attitudes	Manière de se comporter.	Allure énergique, disponibilité, sens de l'écoute, motivation, positivisme, etc.

Parmi les cinq catégories de caractéristiques individuelles précitées, les attitudes présentent implicitement un contenu qualitatif et subjectif élevé. En effet, les autres catégories de critères se mesurent avec un niveau d'objectivité plus élevé. Des tests oraux ou écrits sont révélateurs des connaissances. Les habiletés psychomotrices et cognitives ainsi que les aptitudes intellectuelles ont fait l'objet d'une investigation soutenue.

Des outils de mesure sous la forme de questionnaires sont disponibles sur le marché. Toutefois, la limite de tels outils réside dans le fait qu'ils ne font généralement pas l'objet d'une validation dans les entreprises qui les utilisent.

4.3. L'OBJECTIVITÉ DES CRITÈRES

Compte tenu de la portée probable d'un programme d'appréciation des performances sur la carrière d'un apprécié, il incombe, peu importe le critère retenu, de s'assurer qu'il soit le plus possible représentatif de la réalité du travail (Levy-Leboyer, 1990). La recherche de critères objectifs implique que des caractéristiques individuelles présentant un potentiel élevé de subjectivité seront mis au rancart. On leur préférera des critères quantitatifs, qui permettent de mesurer plus facilement la performance d'un apprécié. Il n'est cependant pas rare de rencontrer des caractéristiques difficilement mesurables, soit des critères qualitatifs, juxtaposés à des critères quantitatifs se prêtant à une évaluation plus facile. Le recours à ces deux types de critères permet de dresser un portrait plus juste de l'apprécié.

4.3.1. Les critères quantitatifs

La question de l'objectivité des critères est fondamentale en appréciation des performances. Un critère quantitatif présente un niveau d'objectivité plus élevé qu'un critère qualitatif. La construction d'un tableau de bord organisationnel permet de rehausser l'objectivité des critères. Cette méthode plus articulée peut soutenir l'appréciation des performances à différents niveaux d'intervention, par exemple les équipes de travail et les individus. Ainsi, le taux d'absentéisme intéresse *a priori* autant l'entreprise dans son ensemble qu'un individu en particulier. Une organisation dont le taux d'absentéisme est trop élevé par rapport à son groupe de référence perd un avantage compétitif. Dans le même sens, un employé absent trop fréquemment ou trop longtemps au cours d'une période donnée ne saurait montrer une performance particulièrement élevée. Il existe d'autres critères quantitatifs, comme les connaissances requises sur un poste; en effet, on peut mesurer objectivement la capacité d'un individu d'assurer le fonctionnement de tel ou tel équipement ou machine.

Voici une liste de critères quantitatifs, avec leurs indicateurs respectifs, qui pourraient intervenir dans l'appréciation des performances. D'autres critères sont énumérés à l'annexe.

♦ **L'aisance numérique**, c'est-à-dire la capacité de démontrer une pensée qui s'appuie sur des éléments rattachés aux mathématiques :
  - l'utilisation rapide de modèles mathématiques simples pour faire valoir la pertinence d'une idée (exemples : règle de trois, pourcentage) ;
  - l'ordonnancement d'arguments en utilisant des formules diverses afin de prouver leurs interrelations ;
  - la réussite à un test de raisonnement mathématique.

♦ **La productivité**, c'est-à-dire le niveau d'activité du service par rapport à des standards :
  - le nombre de pièces assemblées par unité de temps ;
  - le nombre de ventes réalisées (montant).

♦ **L'économie**, c'est-à-dire le niveau d'activité au meilleur coût :
  - le coût obtenu par rapport au coût moyen ;
  - le coût entraîné par rapport à d'autres services comparables.

♦ **La présence au travail**, c'est-à-dire la régularité avec laquelle un individu s'acquitte de ses responsabilités :
  - le nombre de retards ou d'absences du travail dans le cas d'un individu ;
  - le nombre d'heures travaillées par rapport aux heures rémunérées dans le cas d'une équipe.

4.3.2. Les critères qualitatifs

Les critères qualitatifs sont d'une utilisation plus complexe que les critères quantitatifs. *A priori*, tout ce qui existe peut se mesurer d'une manière quelconque. L'objectivité de l'appréciation des performances exige un effort de mesure constant. Toutefois, dans l'état actuel des connaissances, la mesure objective des critères qualitatifs est difficile. Il appartient à la recherche en sciences humaines de faire avancer les connaissances en ce domaine.

Certains critères qualitatifs sont plus facilement mesurables que d'autres. Si la performance d'un conseiller aux ventes peut se mesurer par le chiffre d'affaires généré, tel n'est pas le cas d'un conseiller en formation des ressources humaines. La même différence s'applique à l'ensemble des individus qui œuvrent directement auprès de la clientèle par rapport aux autres qui ne le font pas. En effet, le service à la clientèle s'évalue fréquemment en valeur des ventes, tout au moins dans le secteur privé de l'économie. La mesure est plus difficile dans le cas d'un employé travaillant au service des ressources humaines. Néanmoins, il existe des mesures pour l'ensemble des situations en cause; c'est plutôt le degré de difficulté de la mesure qui varie d'un poste à l'autre.

Les critères qualitatifs se prêtent davantage à la présence de biais que les critères quantitatifs. En prendre conscience, c'est déjà faire en sorte que les résultats de tout processus d'appréciation des performances soient plus objectifs. C'est également se donner de plus grandes possibilités de choisir des critères qui représentent exactement les réalités du travail des appréciés. Car, au fond, il s'agit de faire en sorte, de manière générale, que le savoir-faire transcende le savoir-être, que le comportement observable l'emporte sur l'attitude et, finalement, que le résultat ait priorité sur l'activité.

En situation de travail, le savoir-être et les attitudes ont une certaine importance; il ne faut donc pas les évacuer complètement de l'appréciation des performances. Il s'agit plutôt de prendre conscience que le savoir-être et les attitudes ont un caractère hautement sensible, qu'il y a lieu de les comprendre et de les circonscrire, d'une part en y faisant le moins possible référence et, d'autre part, en identifiant leurs éléments les plus simples. Si par exemple, un appréciateur introduit le critère « sens de l'initiative », il faut qu'il puisse le justifier le plus précisément possible par des éléments ou des indicateurs tangibles. En d'autres termes, de quelles initiatives s'agit-il exactement?

À titre d'exemples, voici des critères qualitatifs souvent utilisés en appréciation de performances :

♦ **Communication**, soit la capacité d'établir une relation valable avec les membres d'un groupe d'appartenance :
  - participer à divers projets;
  - participer aux réunions;
  - communiquer fréquemment avec ses subalternes;
  - utiliser des moyens variés afin de communiquer à l'interne ou à l'externe.

♦ **Initiative (sens de l')**, soit la capacité d'être le premier à entreprendre des actions pertinentes et souhaitées :
  - proposer des méthodes ou des techniques nouvelles;
  - démontrer de l'autonomie professionnelle;
  - soumettre des idées judicieuses en vue de les faire accepter.

♦ **Esprit d'équipe**, soit l'attitude consistant à faire appel aux capacités d'autrui et à partager des expériences :
  - témoigner de la performance d'autrui;
  - proposer des modes de fonctionnement d'équipe;
  - solliciter raisonnablement l'aide d'autrui.

4.3.3. Les critères multiples

L'utilisation de critères multiples est susceptible d'accroître sensiblement la validité de l'appréciation des performances. En effet, un seul critère ne pourrait représenter l'ensemble des réalités de la fonction d'un apprécié. Il faut donc varier les critères, qu'ils soient quantitatifs ou qualitatifs, pour atteindre une objectivité optimale. Mais le fait de varier les critères ne suffit pas ; il faut que chaque critère utilisé soit le plus possible en relation avec les exigences normales de l'emploi de l'apprécié (Siegel et Irving, 1974). Par exemple, le critère « sens des relations humaines » convient davantage pour un poste de représentant des ventes que pour celui d'un préposé au laboratoire qui travaille seul. La complexité de cette opération d'aiguillage entre les critères et les exigences du travail varie selon les emplois en cause, les besoins de la clientèle et les réalités de l'organisation.

La considération des critères les uns par rapport aux autres invite à produire un indice composite ou une cote générale de performances. Par exemple, la performance de deux agents de maîtrise peut être globalement équivalente et comporter des composantes fort différentes. Ainsi, l'un pourrait démontrer un niveau de connaissances techniques élevé et s'avérer plutôt faible en relations humaines. L'autre pourrait avoir la performance inverse. Dans l'exemple précité, les réalités et les priorités de l'entreprise viendront nuancer l'importance qu'il faudra accorder à chaque appréciation. Si l'entreprise traversait une période de conflits de travail, il est probable que l'agent de maîtrise éprouvant des problèmes de relations humaines obtiendrait un score plus faible que celui chez qui l'on a décelé des lacunes dans les connaissances techniques. Le choix des critères et l'importance accordée à chacun sont d'abord liés aux réalités et aux priorités de l'entreprise.

Un programme d'appréciation des performances peut faire appel à une ou plusieurs méthodes selon les objectifs et les clientèles en cause. Le contenu des méthodes d'appréciation est également variable et diversifié. Il est donc important de s'assurer que la méthode d'appréciation choisie permet d'atteindre un maximum d'objectivité tout en répondant aux exigences de l'organisation et aux besoins des employés qui y œuvrent. Les principales méthodes d'appréciation sont : l'appréciation par rangement, la méthode par distribution forcée, l'appréciation ouverte, l'appréciation par événements signifiants, l'appréciation par échelle cotée, l'autoappréciation ou la coappréciation, l'étalonnage et la méthode multisource. Les méthodes d'appréciation peuvent être individuelles ou s'appliquer à des équipes ; en outre, la source de l'appréciation est soit unique, soit multiple. Signalons que l'utilisation des méthodes d'appréciation multisource est plutôt récente dans les organisations.

Les méthodes d'appréciation présentées ici ne sont pas mutuellement exclusives, car les amalgames de diverses méthodes sont fréquents surtout dans les grandes organisations. Par exemple, l'appréciation par échelle cotée représente davantage qu'une méthode spécifique, car elle permet d'intégrer d'autres choix comme l'auto ou la coappréciation. Par conséquent, les caractéristiques d'une méthode d'appréciation dépendent des réalités ou du contexte de chaque organisation.

L'objectif de ce cinquième chapitre est de présenter les principales méthodes d'appréciation des performances, en faisant ressortir leurs avantages et leurs limites respectives.

C'est souvent dans les entreprises mêmes que sont élaborées les diverses méthodes d'appréciation des performances dont la formulation est habituellement confiée aux supérieurs hiérarchiques immédiats des employés. L'appréciation inclut toutefois fréquemment une phase conseil qui valorise l'expression et la notation des opinions des appréciés. En outre, comme les méthodes d'appréciation visent différents objectifs, les organisations font usage d'une variété appréciable de formulaires et d'échelles de mesure dans le but de favoriser l'actualisation de leurs responsabilités en matière de performance au travail. Bazinet (1980) présente succinctement plusieurs méthodes d'appréciation tels que le rangement, l'évaluation ouverte, la distribution forcée ou les événements significatifs. Ces classifications ont systématiquement été maintenues par la suite, notamment dans les travaux de Petit *et al.* (1993) ainsi que dans ceux de Cascio, Thacker et Blais (1999).

5.1. L'APPRÉCIATION PAR RANGEMENT

L'appréciation par rangement peut être d'une application simple ou complexe selon le contexte. Elle implique de mettre en rang ou de classer les performances des employés selon un ordre déterminé. Par exemple, dans l'ordre du mérite, chaque appréciateur classe la performance des employés selon un ensemble de traits. Cette performance est alors traitée par critère. Par exemple, pour le trait leadership, Jeanne, Jean, Pierre, etc., feront l'objet d'un rangement. L'opération peut être faite simplement, c'est-à-dire en classant les candidats par ordre décroissant, soit le premier, le deuxième, le troisième. Il existe des variantes de la méthode du rangement, dont celle du rangement alternatif. Dans ce cas, le rangement se fait en deux temps pour chaque trait évalué :

- ♦ on détermine l'apprécié qui excelle. Son nom est alors placé en haut de la rangée de la meilleure performance ;
- ♦ on établit ensuite qui est l'apprécié le plus médiocre pour ce même trait. Son nom apparaîtra alors en bas de la rangée de la moins bonne performance. Le tableau 5 donne un exemple de la méthode par rangement.

Plus globalement, il existe deux variantes principales de la méthode du rangement : le rangement par rapport aux pairs et le rangement sociométrique.

TABLEAU 5

Illustration d'une méthode d'appréciation par rangement

Échelle de rangement des performances

Établissez le rangement des appréciés sous votre autorité en fonction des traits choisis dans le cadre de l'appréciation de leurs performances. Sélectionnez celui qui possède le plus ce trait, puis placez son nom en haut de la colonne 1, comme premier choix. Consultez à nouveau la liste de vos appréciés et choisissez celui ayant le moins cette qualité. Placez son nom au bas de la colonne 2, comme dernier choix. Maintenant, retournez à votre liste, recommencez le processus en déterminant le deuxième parmi les meilleurs et l'avant-dernier parmi les pires, et ainsi de suite. Poursuivez la démarche jusqu'à ce que l'ensemble des noms ait été placé sur la liste.

Trait sous considération : Leadership

Colonne 1 (le plus)	Colonne 2 (le moins)
• 1. Jean	• 1. Pierre
• 2. Jacques	• 2. Jeannine
• 3.	• 3.
• 4.	• 4.
• etc.	• etc.

5.1.1. Le rangement par rapport aux pairs

Le rangement par rapport aux pairs consiste à comparer un apprécié à tous les autres de son groupe de référence. Chaque fois qu'un apprécié fait l'objet d'une comparaison, l'appréciateur lui octroie une mention si ses performances, pour un trait donné, sont jugées supérieures à celles de l'autre apprécié avec lequel il est comparé. Par conséquent, le nombre de mentions accordées à chaque apprécié détermine la place qu'il occupera sur la liste de comparaison par rapport aux pairs.

5.1.2. Le rangement sociométrique

Le rangement sociométrique invite les collègues de l'apprécié à intervenir dans la formulation de l'appréciation. Les membres du groupe sont alors conviés à formuler un jugement à l'égard des performances de leurs collègues. L'approche se limite alors souvent à faire ressortir la performance des collègues les plus méritants ; par exemple, on demande aux employés d'un service d'indiquer le nom des collègues avec lesquels ils communiquent le plus fréquemment ou ceux avec qui ils préfèrent travailler. Il s'agit en quelque sorte d'une forme élémentaire d'appréciation multisource ou à 180 degrés.

Chaque critère retenu peut comprendre un certain nombre d'indicateurs. Par exemple, le leadership pourrait se mesurer à l'aide des indicateurs suivants :

- ♦ conduite de réunions ;
- ♦ réalisation de la négociation avec le client xyz ;
- ♦ organisation réussie du gala annuel de l'entreprise.

Comme on peut le voir, la méthode du rangement peut être relativement simple ou sophistiquée selon le contexte et les objectifs poursuivis.

Avantages et inconvénients

L'appréciation par rangement se présente sous une forme opérationnelle. Elle permet à l'appréciateur de livrer une réflexion ou de porter un jugement spécifique sur chacun des appréciés, guidé en cela par un outil de compréhension relativement aisée. Dans tous les cas, la méthode du rangement se limite habituellement à des groupes de taille réduite. Ainsi, ranger les performances de 25 employés par rapport à 10 critères représenterait tout de même 250 interventions. Comme chaque trait peut comprendre une quantité variable d'indicateurs, l'application de la méthode du rangement peut donc impliquer une opération relativement longue et complexe.

5.2. LA MÉTHODE PAR DISTRIBUTION FORCÉE

La méthode par distribution forcée consiste à orienter la répartition en fonction de groupes de référence déterminés à l'avance. Elle est dite « forcée », car les appréciateurs doivent répartir l'ensemble des appréciés à l'intérieur de classes déterminées. Évidemment, l'amplitude et la quantité de classes peuvent varier d'une situation à l'autre. Par exemple, la distribution forcée, pour une opération d'appréciation donnée, pourrait s'inférer d'une courbe normale. Dans ce contexte, la méthode exigerait la formation de niveaux de performance distribués en fonction d'un écart type. Par exemple, si la moyenne de scores sur 100 était de 70 et l'écart type de 5, la distribution pour un groupe de 20 appréciés prendrait la forme suivante :

♦ A = Groupe formé de ceux ayant obtenu «C» plus deux écarts types, c'est-à-dire dont le score est de 78 % et plus ;

♦ B = Groupe formé de ceux ayant obtenu «C» plus un écart type, c'est-à-dire dont le score varie entre 73 % et 77 % ;

♦ C = Groupe formé de ceux ayant obtenu la moyenne, plus ou moins la moitié d'un écart type, c'est-à-dire dont le score varie entre 68 % et 72 % ;

♦ D = Groupe formé de ceux ayant obtenu «C» moins un écart type, c'est-à-dire dont le score varie entre 63 % et 67 % ;

♦ E = Groupe formé de ceux ayant obtenu «C» moins 2 écarts types, c'est-à-dire dont le score était de 62 % ou moins.

Dans la distribution précitée, chaque niveau de performance est séparé par un écart de cinq points, soit la valeur de l'écart type. Par conséquent, selon cette méthode, il est impossible que tous les appréciés se retrouvent dans une classe particulière ou soient absents des autres classes. D'où le principe de la distribution forcée. Ce même principe s'applique dans le cas où il a été convenu de distribuer, à la suite d'une opération d'appréciation des performances, des incitatifs financiers ou autres à un groupe d'individus dont la performance est qualifiée d'exceptionnelle. Dans ce cas, la distribution ne correspond pas nécessairement à une courbe normale, mais elle répond tout de même au principe de la distribution forcée.

Avantages et inconvénients

Le principal avantage de la méthode de distribution forcée est qu'elle permet une systématisation des performances selon un modèle mathématique simple dit de courbe normale. La méthode de la distribution forcée s'exécute selon un schéma préétabli ou une hypothèse de travail qui détermine à l'avance des catégories quel que soit leur nombre ou leur étendue. Par conséquent, dans une telle situation, tous les appréciés, ou du moins une majorité d'entre eux, ne peuvent être qualifiés d'exceptionnels ou de sous-performants. Cela confère un véritable sens à la notion de performance. Par ailleurs, dans les cas où la plupart des membres d'une organisation ou d'une équipe ont une excellente performance, la méthode de distribution forcée peut être démotivante pour les employés à qui elle imposerait une cotation au-dessous de leur mérite.

5.3. L'APPRÉCIATION OUVERTE

L'appréciation ouverte se présente sous la forme d'un texte sur les performances de l'apprécié. C'est une communication écrite qui, *a priori*, ne répond pas, à une organisation spécifique. La rédaction peut être d'une facture analytique, chronologique ou les deux à la fois. Naturellement, elle doit porter sur le travail de l'apprécié au cours d'une période donnée. C'est probablement là son seul aspect prévisible. Dans son aspect analytique, l'appréciation peut comporter deux phases, soit les forces de l'apprécié et les points sur lesquels un perfectionnement pourrait être utile. L'appréciateur et l'apprécié pourraient également convenir d'un texte en trois temps, soit les forces, les points à parfaire et les suggestions d'améliorations. Dans son aspect chronologique, la méthode est centrée sur les résultats essentiels du travail de l'apprécié du début à la fin de la période appréciative, en mentionnant les forces et les faiblesses observées à chaque étape de cette période.

Avantages et inconvénients

Cette méthode s'actualise sous le signe de la créativité. Il s'agit d'une forme d'expression libre de propos d'un appréciateur à l'égard des performances d'un apprécié. L'appréciateur possède donc une marge de manœuvre appréciable en regard de la forme de l'appréciation. L'apprécié rédige également un texte sur sa propre performance. Par conséquent, la créativité joue en quelque sorte dans les deux sens, c'est-à-dire tant pour l'appréciateur que pour l'apprécié.

Soulignons que la méthode ne convient certes pas à l'ensemble des situations à cause de limitations liées soit aux individus, soit aux milieux de travail. La première limite concerne la capacité rédactionnelle des individus concernés. En effet, tous les appréciateurs n'ont pas la spontanéité requise pour s'adonner habilement à la pratique de l'appréciation ouverte. Cela s'applique aussi, *mutatis mutandis*, à l'apprécié. La seconde limite concerne le manque de précision de la méthode. En effet, ce qui est gagné en spontanéité peut être aisément perdu en exactitude et, conséquemment, en rigueur. En outre, l'appréciation ouverte se prête à des oublis et à des erreurs fréquentes. Elle peut aussi requérir beaucoup de temps si l'objectif est de procéder avec sérénité et sérieux.

5.4. L'APPRÉCIATION PAR ÉVÉNEMENTS SIGNIFIANTS

L'appréciation par événements signifiants consiste à noter l'ensemble des faits positifs ou négatifs qui ont composé la vie de travail de l'employé au cours de la période de référence en cause. L'appréciation consiste donc à rappeler cet ensemble de faits à l'apprécié selon un ordre donné, soit de façon analytique ou chronologique. Bien sûr, la méthode implique davantage qu'un simple rappel. Elle exige de tirer les conclusions utiles de cet ensemble de faits ou d'événements signifiants.

Ces événements signifiants constituent d'ailleurs un moyen stimulant de faciliter une discussion franche entre l'appréciateur et l'apprécié. Chaque événement peut constituer un critère ou un indicateur révélateur de la performance; certains peuvent même servir d'indicateurs afin de faciliter la mesure des critères. Par exemple, l'organisation d'une opération porte ouverte peut être un événement signifiant intéressant. Les clients recrutés à cette occasion, tout comme le montage des kiosques, peuvent servir d'indicateurs utiles si ces derniers événements font partie de l'opération porte ouverte précitée.

Avantages et inconvénients

Au plan de l'objectivité, la méthode représente une amélioration sensible de la simple appréciation ouverte dans la mesure où elle s'appuie sur des éléments tangibles du travail qu'elle évoque dans la formulation de l'appréciation. Elle laisse implicitement à l'apprécié le soin de noter les événements signifiants qui serviront à l'appréciation proprement dite des performances. Il s'agit donc d'une forme intéressante de participation de l'apprécié et d'un outil de compréhension de son rôle dans la réalisation de la mission de l'organisation.

La principale lacune de cette méthode réside dans la collecte des événements signifiants. Le tout peut prendre un caractère laborieux en cours de processus. En effet, il peut être difficile, pour un supérieur hiérarchique, de noter l'ensemble des événements signifiants du travail des employés qui sont sous son autorité, spécialement s'il dirige un groupe important. Rien n'indique que tous les appréciés se prêteront spontanément à l'exercice ou qu'ils jugeront pertinent de le faire systématiquement comme le veut la méthode. Heureusement, il existe maintenant des moyens électroniques de traitement de l'information qui peuvent être d'un grand secours dans le rappel des événements signifiants propres à appuyer une appréciation des performances.

5.5. L'AUTOAPPRÉCIATION OU LA COAPPRÉCIATION

La méthode dite de l'autoappréciation ou de la coappréciation requiert que l'apprécié évalue lui-même sa performance. Le processus impose que ce dernier, après un questionnement approprié, propose finalement l'essentiel du contenu de son appréciation. L'autoappréciation est basée sur l'hypothèse suivante : plus l'appréciation est formulée par une personne possédant une connaissance directe ou immédiate des performances appréciées, plus elle est valide. L'apprécié lui-même est évidemment la personne qui possède la connaissance la plus directe et la plus immédiate de la performance dont il est question, soit la sienne.

La méthode de l'autoappréciation fonctionne en deux temps. D'abord, l'appréciateur transmet à l'apprécié des informations relatives à ses performances. Ce dossier peut être constitué d'observations en provenance de lui-même ou communiquées par d'autres personnes. L'apprécié émet un jugement sur ses performances à partir des observations qui lui sont rapportées. Il procède alors à l'autocritique de sa contribution ou de ses réalisations passées. En second lieu, l'appréciateur reçoit le résultat de la réflexion de l'apprécié. Il intervient alors afin de compléter ou de préciser l'appréciation. L'appréciateur base donc l'essentiel de son jugement, d'une part sur les informations qui lui sont transmises par l'apprécié et, d'autre part, sur tout renseignement pertinent provenant de sources diverses et crédibles.

Comme l'appréciateur est appelé à intervenir dans l'appréciation formulée par l'apprécié, le processus est également qualifié de coappréciation. En effet, il est implicite que les deux, soit l'appréciateur et l'apprécié, participent à l'examen de l'ensemble du dossier et, par conséquent, à la formulation de l'appréciation et des cotes finales. Dans tous les cas, il serait difficile de voir les choses autrement.

Le niveau de participation de l'appréciateur et de l'apprécié varie grandement selon les personnes, les situations ou les expériences en cause. Selon le contexte et les acteurs concernés, le rôle confié à l'apprécié dans la détermination de son appréciation est éminemment variable. L'essentiel, dans une approche d'autoappréciation, est que l'apprécié se sente véritablement impliqué dans un processus qui, faisant appel à sa capacité d'autocritique, l'invite à influencer le jugement qui sera finalement établi sur ses performances. Par conséquent, la méthode oscille entre l'autoappréciation et la coappréciation. Ces deux processus sont en quelque sorte indissociables.

Avantages et inconvénients

Ce qui caractérise le plus la méthode de l'autoappréciation ou de la coappréciation est le fait que la réflexion de l'appréciateur est postérieure à celle de l'apprécié plutôt qu'antérieure, comme c'est le cas dans d'autres méthodes d'appréciation des performances. Par ailleurs, la méthode libère l'appréciateur, généralement le supérieur hiérarchique, de la lourde tâche d'apprécier l'ensemble des performances de ses subalternes. En principe, la pertinence des informations transmises par les appréciés est potentiellement élevée. Au-delà de cela, le fait de requérir que les appréciés formulent eux-mêmes l'essentiel du jugement qui sera porté sur leurs performances s'infère d'un management participatif. Par conséquent, la méthode responsabilise l'apprécié à l'égard des résultats de son travail. Finalement, l'appréciateur pourrait intervenir dans un cas manifeste de manque d'objectivité.

La principale limite de la méthode de l'autoappréciation est le fait que l'apprécié est en conflit d'intérêts lorsqu'il s'agit d'apprécier ses propres performances; le principal risque est donc que le résultat manque d'objectivité. Cette critique ne vaut toutefois que dans la mesure où l'apprécié ne fait pas preuve de l'autocritique requise dans le contexte. Curieusement, l'autoappréciation constitue une voie paradoxale. D'une part, en théorie, elle n'offre pas les garanties d'objectivité d'usage, puisque l'apprécié évalue lui-même son niveau de performance, ce qui peut représenter un conflit d'intérêts. D'autre part, elle peut être un moyen puissant de participation et de motivation au travail si les appréciés font preuve d'autocritique et se posent les questions appropriées et si, finalement, les appréciateurs jouent un véritable rôle d'accompagnateur dans la gestion de la méthode.

5.6. L'APPRÉCIATION PAR ÉCHELLE COTÉE

L'appréciation par échelle cotée est répandue. Elle peut intégrer d'autres méthodes d'appréciation. Elle consiste à formuler un jugement à l'aide d'une fiche contenant des critères et une échelle de cotation. Ces critères sont généralement définis succinctement à l'aide d'indicateurs; ils requièrent un jugement. L'appréciateur n'a qu'à désigner, pour chacun d'eux, le point de l'échelle qui décrit le mieux, à son avis, la performance de l'apprécié. Par la suite, les résultats comptabilisés peuvent être présentés sous forme graphique à l'aide d'un histogramme, les indicateurs étant placés en ordonnée et l'échelle en abscisse. Cette représentation a l'avantage de présenter clairement les résultats. Ainsi, une méthode d'appréciation de type cotée présente la liste des critères ou des qualités recherchées. Des degrés permettent d'évaluer chaque critère. Le tableau 6 illustre un formulaire d'appréciation par échelle cotée.

Dans l'exemple précité, on octroie cinq points pour un « A », quatre points pour un « B » et ainsi de suite. Le total des points admissibles, pour les huit facteurs précités, serait alors de 40. On pourrait aussi ramener le total sur 100 et octroyer la cote générale selon le barème suivant : A = 90 % et plus, B = Entre 80 % et 89 %, C = Entre 70 % et 79 %, D = Entre 60 % et 69 %, et finalement E = 59 % et moins. Ce genre de classement, de facture plus scolaire, est toutefois peu utilisé dans les organisations.

Les méthodes de types échelle cotée sont diversifiées. Il existe des échelles qualitative, quantitative et descriptive. Dans le cas d'une échelle qualitative, on utilisera, pour chaque critère, les cotes A, B, C, D ou E. Par ailleurs, pour une échelle quantitative, à l'instar de notre illustration précitée, on peut attribuer à chaque critère un nombre variant, par exemple, de 1 à 5. Le tout peut alors faire l'objet d'une cote globale de type numérique moyenne ou d'un pourcentage. Dans le cas d'une échelle descriptive, chaque niveau de l'échelle est exprimé par des affirmations ou des énoncés qui ont comme fin d'évaluer dans quelle mesure le critère trouve application. Le tableau 7 illustre comment pourrait être mesuré le critère « Relations humaines » dans une échelle descriptive.

TABLEAU 6
Illustration d'un formulaire d'appréciation de type échelle cotée

Nom:

Échelle:
- A = Très bon
- B = Bon
- C = Moyen
- D = Faible
- E = Très faible

Indiquez la cote appropriée pour chacun des critères précités:

N°	Critère	Cote (1 à 5)
1	**Qualité du travail** Considérez dans quelle mesure le travail est réalisé avec un niveau d'erreurs acceptable dans le contexte.	
2	**Quantité de travail** Considérez la somme de travail et la promptitude avec laquelle il est accompli.	
3	**Autonomie** Considérez dans quelle mesure l'employé est en mesure de prendre des décisions pertinentes dans le cadre de son travail.	
4	**Connaissances** Considérez dans quelle mesure l'employé connaît l'ensemble des éléments constitutifs de son travail.	
5	**Intérêts et initiative** Considérez la capacité de l'employé d'anticiper les problèmes et de mener à terme des actions en vue de les prévenir ou de les corriger.	
6	**Coopération** Considérez dans quelle mesure l'employé agit conjointement avec les personnes avec qui il doit composer dans son travail.	
7	**Flexibilité** Considérez la capacité de l'employé à s'adapter à diverses situations imprévisibles.	
8	**Présence au travail** Considérez la régularité avec laquelle l'employé se présente au travail ainsi que son assiduité à son poste de travail sur une base quotidienne.	
	Cote générale octroyée **(Total des points divisé par le facteur 8)**	

Tableau 7
Illustration d'une section d'un formulaire d'appréciation par échelle cotée

Choisir l'affirmation qui représente le mieux le niveau de performance concernée

Niveau	Critères
	Relations humaines
A	Développe et entretient un vaste réseau de contacts qu'il met au profit de l'entreprise.
B	Entretient généralement des relations positives avec les personnes avec qui il doit entrer en contact.
C	Actualise des contacts fréquents mais peut éprouver à l'occasion quelques problèmes de relations interpersonnelles.
D	Éprouve des difficultés à établir des contacts soutenus avec les personnes sur lesquelles il doit compter, mais parvient à l'occasion à bien se tirer d'affaires.
E	Connaît systématiquement des difficultés dans ses contacts avec autrui dans le cadre du travail.

Cote octroyée pour le critère « relations humaines » = _____

Il est aussi possible d'intégrer diverses méthodes par échelle cotée. Par exemple, une méthode pourrait être à la fois quantitative et descriptive. Ce sont les besoins recensés lors de la construction du programme qui guident le choix des appréciateurs.

Avantages et inconvénients

La méthode de l'échelle cotée permet de comparer les performances d'un groupe d'appréciés et, par conséquent, peut se prêter à des expériences de validation. Les comparaisons peuvent alors se faire en fonction de chaque critère pris individuellement ou en fonction de l'ensemble des cotes globales générées. La méthode se prête donc à une standardisation des appréciations. Les questions les plus fréquentes relativement à la validité de l'appréciation concernent les écarts entre groupes d'appréciés ou entre les services de l'organisation. Pourquoi observe-t-on plus d'excellence ou de sous-performance dans un service donné que dans les autres services ? Est-ce à cause des appréciateurs, qui sont plus généreux dans leurs cotations ? Est-ce plutôt à cause du fait que certains groupes d'employés sont simplement plus ou moins performants que d'autres ? Il est parfois difficile de répondre à ces questions, d'ordre éthique. La méthode de l'échelle cotée peut toutefois être utile en ce sens.

Soulignons que les principales difficultés de la méthode par échelle cotée viennent d'abord de la subjectivité et du manque de précision des critères utilisés. En effet, chaque appréciateur n'a pas la même compréhension de l'échelle proprement dite ; par exemple, le niveau « excellent ou 5 points » de l'un peut correspondre à « très bien ou 4 points » pour un autre. Les échelles descriptives peuvent, dans une certaine mesure, réduire cette difficulté en précisant la valeur de chaque degré d'appréciation. Il faut toutefois s'assurer que ces définitions soient clairement exprimées.

5.7. L'ÉTALONNAGE (*BENCHMARKING*)

La méthode de l'étalonnage consiste à mesurer l'état d'une situation en comptant sur des points de référence particuliers (Chang et Kelly, 1995). Il s'agit donc d'une approche qui compare des réalités internes ou externes à l'organisation. Elle vise surtout l'appréciation des résultats des équipes de travail et de l'entreprise dans son ensemble. Au plan interne, on compare la production d'un individu, d'un groupe ou d'un service par rapport à d'autres. Ces individus, groupes ou services doivent présenter des caractéristiques susceptibles d'être comparées, par exemple des objectifs similaires ou des tailles comparables dans le cas des groupes ou des services. La même démarche d'étalonnage est possible au plan externe. Par exemple, on pourra effectuer une comparaison entre le nombre de visites annuelles par rapport au nombre d'heures travaillées au service de radiologie du centre hospitalier « xyz » et celles qui sont effectuées dans un groupe de centres hospitaliers considérés comme étant de même catégorie. Évidemment, la méthode de l'étalonnage postule la mise en place ou l'accès à des bases de données, internes ou externes, qui permettent de réaliser les comparaisons de performances d'usage.

La méthode peut s'appliquer pour apprécier les performances individuelles, spécialement chez des cadres supérieurs, mais elle convient davantage à l'appréciation des performances d'équipes ou de services. Au plan individuel, il est connu que l'amélioration des athlètes se réalise largement par l'étalonnage par rapport aux scores des meilleurs athlètes. Dans une organisation, tout travailleur peut, à la limite, se percevoir comme un athlète de son domaine d'activités. Au plan des équipes de travail ou des services, les données comparatives ne manquent pas. La même réalité existe pour les organisations. Ces données proviennent généralement du système comptable en vigueur, mais il est possible de les compléter par des données provenant du service des ressources humaines.

L'étalonnage est d'une pratique plus aisée à l'interne qu'à l'externe surtout à cause de la disponibilité des données comparatives. L'étalonnage externe requiert, pour sa part, des données disponibles dans les différentes instances publiques ou dans les associations qui représentent des ensembles socioéconomiques. L'étalonnage externe permet de comparer la performance d'une organisation par rapport à la moyenne observée dans les entreprises analogues ou comparables.

L'étalonnage implique donc que l'on observe la performance à partir de celle des autres. Il est toutefois opportun de dépasser les simples chiffres pour induire des résultats qualitatifs; ainsi, cette méthode peut servir à parfaire les techniques de production, la tenue des réunions d'équipe ou le développement de nouveaux marchés. Outre sa pertinence en appréciation des performances, elle peut être aussi utile en sélection qu'en formation de personnel.

Une étude d'étalonnage se réalise habituellement en sept étapes (Chang et Kelly, 1995) :

- ◆ définir l'objet d'étalonnage. Préciser autant les objectifs recherchés que les individus concernés;

- ◆ déterminer les mesures d'étalonnage. Cette opération se réalisera à partir d'une carte de flux qui fournira des informations pertinentes, par exemple sur les temps globaux de réalisation d'un processus;

- ◆ citer les sources d'information d'étalonnage. Les sources utilisées comme les magazines, les statistiques nationales ou les publications de l'industrie sont fonction du niveau d'utilisation souhaitée, qu'il s'agisse d'étalonnage interne ou externe;

- ◆ établir un mode systématique de collecte des données. Cela fournit des informations pertinentes sur les modèles individuels, à l'intérieur ou à l'extérieur de l'organisation qui servent de cible pour la performance;

- ◆ analyser les données recueillies et déterminer les écarts signifiants. L'écart type peut servir de guide de comparaison pour diverses réalités comme le nombre d'employés par service, le budget alloué, la production juste à temps, la réduction du stockage, etc.;

- ◆ élaborer un plan d'amélioration. Le plan d'action est lié à l'état constaté à la suite de la comparaison avec l'état souhaité. Plus l'écart sera élevé, plus le plan d'action devra être important à moins que cet écart de performance ne soit explicable;

♦ coordonner le processus d'étalonnage. Cette étape vise à intégrer l'étalonnage dans la tradition de l'entreprise. Il importe donc
que les comparaisons soient perçues à des fins d'amélioration
continue. En clair, le tout doit être animé et coordonné à l'échelle
de l'organisation.

Avantages et inconvénients

L'étalonnage est d'un accès facile depuis l'émergence et la montée
fulgurante des techniques de traitement de l'information comme la
bureautique et Internet. L'automatisation et la systématisation des
informations comparatives ne posent donc plus de problèmes. La
méthode livre des informations pertinentes en matière de performance des ressources humaines. La plupart des organisations font
de l'étalonnage de diverses façons. Il est donc avantageux d'intégrer ses résultats en ce qui a trait à l'appréciation des performances.

Au plan des inconvénients, l'approche gagne à une utilisation dans
un contexte de management délégué, car elle requiert un degré
relativement élevé de responsabilisation et d'engagement des utilisateurs. L'autocritique est donc une condition nécessaire à son fonctionnement. En outre, tout ne se compare pas facilement. Chaque
individu, chaque groupe ou chaque service possède ses réalités et
ses défis propres. S'il est possible de choisir des critères susceptibles
de fournir des comparatifs solides, certaines réalités sont nécessairement oubliées de tout processus comparatif. Par exemple, la
compétence perçue du supérieur hiérarchique pourrait être un
facteur de démotivation susceptible d'influer largement sur les
résultats d'une équipe de travail sans que cette réalité soit traduite
dans l'étalonnage.

5.8. L'APPRÉCIATION MULTISOURCE « 360 DEGRÉS »

L'appréciation multisource se distingue des autres méthodes d'appréciation dans le sens que l'appréciateur n'est pas unique. La méthode permet
à un apprécié de comparer sa propre appréciation à la perception de son
entourage (Handy, Devine et Heath, 1999). En effet, l'appréciation est le
résultat d'une collecte d'informations sur l'apprécié provenant de sources
diversifiées, comme les subalternes, le supérieur hiérarchique, les collègues, des représentants de la clientèle et des fournisseurs. Ces informations, de nature relativement variée, sont habituellement colligées par une

source externe et retournées à l'organisation à des fins de gestion. En raison de leur caractère complexe en comparaison des autres méthodes, les méthodes d'appréciation multisource sont essentiellement utilisées dans le cas de l'appréciation des performances des dirigeants.

RÉTROACTION À 360 DEGRÉS

La méthode du 360 degrés est appelée ainsi précisément parce qu'elle requiert de « faire le tour » d'un ensemble d'appréciateurs occupant divers rôles, soit internes, soit externes à l'organisation. Tous ses appréciateurs doivent avoir été, d'une manière ou d'une autre, les « clients » de l'apprécié ou avoir transigé avec ce dernier. Le mot « client » est ici considéré dans son sens large de recevoir un service de l'apprécié. Dans un cadre systémique, le mot « client » signifie aussi recevoir des intrants de l'apprécié au cours de la période faisant l'objet d'une appréciation. Un intrant est un élément entrant dans la production d'un bien. Par analogie, il est utilisé en gestion dans le sens d'un stimulus facilitant la réalisation du travail d'une autre personne.

DES MÉTHODES VARIÉES

Les méthodes d'appréciation des performances sont multiples et variées. Toutes ne présentent pas le même intérêt pour le gestionnaire désireux de mettre en place un système d'appréciation des performances dans son organisation. Les besoins sont différents d'une entreprise à l'autre. C'est ce qui permet aux organisations d'adapter leur système d'appréciation des performances à leurs valeurs, leurs intérêts et leurs besoins. Compte tenu de son caractère novateur et de sa relative complexité, la méthode d'appréciation de style 360 degrés fait l'objet d'un chapitre distinct dans le présent ouvrage.

La valorisation du mode de fonctionnement en équipe est l'une des stratégies les plus fréquentes de l'entreprise moderne. Le travail d'équipe est plus que nécessaire. Il est incontournable. Ses avantages sont multiples dans un contexte d'entreprise souple, rentable et apprenante. Il existe plusieurs catégories d'équipes, à vocation générale ou spécifique, dont le mandat peut être décisionnel ou qui peuvent jouer un rôle de conseiller, au niveau d'un service ou de l'organisation. C'est dans cette réalité diversifiée que l'appréciation du travail d'équipe révèle sa véritable portée. Il serait inopportun d'organiser le travail d'équipe à des fins productives et de le confiner, lorsqu'il s'agit d'apprécier les performances, à une stricte dimension individuelle. L'équipe a donc besoin d'une approche appréciative distincte.

L'objectif de ce sixième chapitre est de cerner le concept d'équipe de travail et d'élaborer une méthode susceptible d'en faciliter l'appréciation.

6.1. LA RAISON D'ÊTRE DU TRAVAIL D'ÉQUIPE

Les organisations évoluent dans un contexte d'intense compétition internationale et de turbulence technologique. Les exigences de la mondialisation ou de la fluidité du capital n'ont cessé de pousser l'entreprise au pied du mur de la performance. Dans ce contexte, le travail d'équipe représente une voie nécessaire à la réalisation de la mission de l'entreprise ; ses avantages ne font pas de doute. En outre, le travail d'équipe interpelle la structure d'autorité traditionnelle en place de diverses façons.

6.1.1. L'équipe dans l'organisation

Pour illustrer simplement le concept d'équipe, on peut rappeler qu'une équipe est formée d'une réunion d'individus mais qu'une réunion d'individus ne forme pas nécessairement une équipe. Une telle affirmation fait apparaître l'équipe sous un autre jour. Elle évoque le concept de synergie qui attribue à l'équipe un potentiel unique pour le développement des compétences et le succès de l'organisation.

DÉFINITION DE L'ÉQUIPE

Une équipe constitue un tout dont l'ensemble est plus grand que la somme de ses parties. Elle se définit comme un groupe de personnes qui, avec des objectifs communs, sont mutuellement engagées à l'égard d'une fonction, d'un projet ou de responsabilités ponctuelles ou régulières. En bref, une équipe est un « groupe de personnes travaillant à une même tâche ou unissant leurs efforts dans le même dessein » (Le Petit Larousse, 2000). Quelle que soit leur taille ou leur nature, les entreprises valorisent de plus en plus l'organisation du travail en équipe pour réaliser leur mission (Mantz et Sims, 1993).

ÉQUIPE ET ENVIRONNEMENT INTERNE

Le rôle confié à l'équipe détermine sa finalité. Ainsi, un simple regroupement de personnes est inutile s'il n'a aucune fonction productive et s'il ne vise pas implicitement à améliorer la performance de chaque individu qui le constitue. La mise en vigueur du travail d'équipe dépend des valeurs managériales mises en avant et des objectifs poursuivis.

L'environnement interne des organisations devient de plus en plus complexe. Des approches transversales d'appréciation sont donc nécessaires. L'équipe peut pourvoir à ce besoin de transversalité de diverses façons. Sa fonction est principalement d'intégrer une variété appréciable de capacités, de savoirs, de connaissances et d'expériences (Irani et Sharp, 1997). Par conséquent, l'équipe contribue à dynamiser les composantes de l'environnement interne d'une organisation.

AVANTAGES DE L'ÉQUIPE

Le travail en équipe comporte plusieurs avantages pour l'organisation et ses membres :

- ♦ une meilleure relation entre les objectifs de l'organisation et les individus qui y œuvrent ;
- ♦ une plus grande flexibilité structurelle ;
- ♦ une réponse prompte aux menaces de l'environnement externe ;
- ♦ une organisation à vocation plus apprenante ;
- ♦ une meilleure intégration des unités productives de base.

6.1.2. La nécessité du travail en équipe

L'administration des équipes de travail fait maintenant partie de la finalité de la gestion moderne (Cohen et Ledford, 1994), laquelle évolue dans un contexte de vive compétition internationale. Ce contexte s'accompagne d'un phénomène d'éclatement du savoir, qui est lui-même lié à une mutation technologique marquée. Par conséquent, l'organisation doit de plus en plus faire appel à l'équipe. En effet, contrairement à la situation qui prévalait il y a quelques décennies, il est difficile d'imaginer aujourd'hui une seule affaire importante qui ne commande pas de réunir et de mettre en relation l'expertise de plusieurs individus.

Tout se déroule comme si l'entreprise moderne avait résolument choisi le travail d'équipe comme sortie de secours. Celui-ci est une forme de levier d'action pour les dirigeants d'entreprise soucieux d'obtenir rapidement des résultats dans un monde constamment en changement, quand il n'est pas en état de turbulence. Toute cette concurrence oblige à accroître la productivité de l'entreprise et la performance des individus, notamment par des pratiques de rémunération d'équipes (Gross, 1995). Ainsi, le contexte externe pousse l'organisation vers un processus d'adaptation constante où le travail d'équipe joue un rôle majeur. Néanmoins, ce dernier ne surgit pas spontanément ; il doit être résolument choisi par la haute direction de l'organisation.

6.1.3. Les stratégies d'équipe

Les stratégies des équipes doivent être harmonisées avec les stratégies organisationnelles comme condition de leur efficacité. Ces stratégies prennent racine dans un contexte spécifique. Elles sont construites après que l'entreprise a établi les besoins particuliers qui nécessitent une réponse efficace et rapide. Par la suite, l'harmonisation des stratégies organisationnelles sera facilitée par la réunion d'une série de conditions mises en place au sein de l'équipe. À cet égard, chaque équipe doit s'assurer qu'elle possède:

- ♦ ses objectifs propres avec leurs plans d'action spécifiques;
- ♦ ses clients de référence;
- ♦ les exigences de ses clientèles;
- ♦ une méthode de contrôle et d'appréciation de ses résultats.

6.1.4. L'équipe dans la structure d'autorité

Organiser le travail d'équipe implique que la structure d'autorité en vigueur tienne compte d'un fonctionnement organisationnel en équipe. Les restructurations d'entreprise ont accru l'étendue de la supervision. Un gestionnaire dirige souvent des groupes dont la taille tend à s'élever. Cela crée une pression en faveur de la gestion participative, c'est-à-dire qui engage davantage les employés dans les prises de décisions courantes. Ainsi, les circonstances ont favorisé une évolution du rôle classique du gestionnaire des unités administratives de base vers celui d'accompagnateur (Kinlaw, 1997). Par conséquent, l'entreprise compte sur l'équipe non seulement pour assurer la quotidienneté de sa production mais aussi pour dicter les comportements productifs. Cela requiert plus de responsabilisation et de discipline de la part de la force active ou des membres de l'entreprise. Par le travail d'équipe, les structures d'autorité classiques se trouvent soulagées tout en protégeant la capacité productive de l'organisation.

Un nouveau type de rapport est apparu entre les dirigeants et les employés compte tenu du caractère collégial du travail en équipe. D'une part, l'individu est plus engagé et mieux responsabilisé face aux résultats de l'organisation et, d'autre part, il ne représente plus qu'une partie de la production globale d'une équipe. En clair, l'employé doit davantage tenir compte de ses collègues de travail ou de son environnement humain immédiat. Dans ce nouveau contexte, il doit donc découvrir les mérites de la collaboration négociée entre lui-même et les membres de son équipe. La collégialité présente des avantages, mais aussi des contraintes.

La mise en œuvre du travail d'équipe requiert, de la part des organisations, la mise en place de nouveaux moyens de gestion en vue d'atteindre des niveaux de performance élevés. Cela suscite implicitement un besoin de mutation des structures organisationnelles. Dans les faits, les modes d'action ou les façons de faire se sont transformés, spécialement dans des créneaux comme les relations de travail et les communications écrites ou verbales entre la direction et les employés.

Avec le temps et l'expérience, l'administration a dû adopter une attitude plus participative accordant à l'équipe plus de responsabilités. Une des responsabilités qui a été naturellement confiée à l'équipe fut l'appréciation de sa propre performance qui peut alors constituer un moyen transformationnel puissant.

6.2. LES CARACTÉRISTIQUES HABITUELLES DE L'ÉQUIPE

Il existe plusieurs catégories d'équipes, mais tout fonctionnement en équipe requiert la réunion d'un certain nombre de qualités spécifiques.

6.2.1. Les catégories d'équipes

Une organisation est susceptible de compter diverses catégories d'équipes, en fonction de sa taille et du secteur dans lequel elle évolue. Une grande entreprise compte plus d'équipes qu'une petite, et un organisme public compte généralement plus d'équipes formelles qu'une entreprise privée de taille égale. Les équipes se prêtent à diverses classifications, soit par type d'activités, selon leur durée anticipée ou en fonction de leurs pouvoirs (Levi, 2001). Les catégories d'équipes les plus signifiantes sont les suivantes :

- ♦ les équipes générales et spécifiques au plan de leur mandat ;
  - l'équipe qui s'intéresse à une problématique d'ensemble dans l'entreprise reçoit un mandat général. Elle est normalement permanente. Par exemple, ce pourrait être l'équipe mandatée pour formuler des recommandations au président de l'entreprise sur la recherche de nouveaux marchés ;
  - l'équipe avec un mandat spécifique est formée pour s'occuper d'une question précise comme le lancement d'un produit ;
- ♦ les équipes décisionnelles et les équipes-conseils au plan de leur pouvoir ;
  - l'équipe décisionnelle reçoit habituellement son mandat d'un conseil d'administration. Il s'agit alors d'un pouvoir délégué. C'est le cas, par exemple, d'un comité exécutif ou du conseil de médecins dans un centre hospitalier ;
  - l'équipe-conseil est certainement la formule la plus répandue. Son pouvoir d'influence est en relation avec la qualité de ses conseils. Par exemple, la mise en place d'un programme d'appréciation des performances est généralement confiée à une équipe-conseil ;

♦ les équipes intrahiérarchiques ou multihiérarchiques au plan de leur étendue ;
  - le caractère intrahiérarchique ou multihiérarchique des équipes de travail dépend des objectifs qu'elles poursuivent ou des défis à relever. Dans une entreprise, l'organisation d'une activité sociale à l'intention du personnel, comme le gala annuel des employés, est généralement confiée à une équipe multihiérarchique, puisque l'activité s'adresse à l'ensemble des employés de l'organisation.
  - Par ailleurs, dans des situations précises propres à une problématique d'une direction particulière, on aura recours à une équipe intrahiérarchique. Par exemple, l'amélioration du fonctionnement d'un appareillage spécifique dans un département de production sera confiée *a priori* à une équipe dont les membres proviennent de la même direction. Il s'agit alors d'une équipe intrahiérarchique.

La mise en place des équipes doit se faire en conformité avec les besoins de l'organisation et des individus qui y œuvrent. Les objectifs et les projets poursuivis déterminent les catégories d'équipe à mettre en place comme indice d'un fonctionnement harmonieux.

6.2.2. Les qualités d'une équipe

Une équipe possède une finalité et une espérance de vie limitées. En outre, elle possède des caractéristiques propres, dont les suivantes (Salas *et al.*, 1992) :

♦ une dynamique d'échange ou de partage de ressources informationnelles ou autres entre ses membres ;

♦ une organisation du travail qui se traduit par un phénomène de coordination d'activités ou de tâches diverses ;

♦ un mécanisme social d'ajustement par rapport aux stimulis provenant soit de l'interne, c'est-à-dire de ses propres membres, soit de l'externe, c'est-à-dire des personnes n'appartenant pas à l'équipe proprement dite mais ayant à traiter avec elle ;

♦ une structure formelle ou informelle de distribution du pouvoir, d'une part entre les membres de l'équipe et, d'autre part, entre l'équipe et son environnement externe.

6.3. LES PRÉALABLES À L'APPRÉCIATION DU TRAVAIL D'ÉQUIPE

L'appréciation de la performance d'une équipe tient compte du type d'équipe, de sa mission ou de ses objectifs ainsi que de la culture organisationnelle dans laquelle elle s'insère.

6.3.1. La justification de l'appréciation des performances d'équipe

Une équipe existe principalement dans la perspective de réaliser des objectifs et une mission précise. L'appréciation est donc orientée vers les résultats. Cela peut favoriser le besoin des membres de l'équipe d'apprécier eux-mêmes leur contribution et de l'intégrer dans un résultat de groupe. Cependant, le contexte d'équipe ne conduit pas obligatoirement à des appréciations collectives. Certains préfèrent s'en tenir à un mode d'appréciation individualisée parce qu'elle se révèle moins complexe d'exécution qu'une évaluation d'équipe. Les valeurs organisationnelles facilitent le choix entre les appréciations individuelles ou d'équipe.

L'appréciation du travail d'équipe peut servir à différentes fins comme la satisfaction et la motivation au travail, ou la reconnaissance et le soutien aux employés. Globalement, les éléments susceptibles de faciliter l'appréciation du travail en équipe sont les suivants (Waldman, 1997) :

- ♦ le lien entre les équipes et les buts de l'organisation ;
- ♦ la clarté et le caractère opérationnel des indicateurs retenus à des fins de mesure de la performance ;
- ♦ les objectifs et les programmes dans lesquels les équipes sont impliquées ;
- ♦ la qualité des communications entre les membres des équipes.

Quant aux indicateurs de mesure du travail d'équipe, ils réfèrent à plusieurs niveaux d'atteinte de résultats et peuvent prendre diverses formes, soit celles liées à la contribution spécifique de chaque membre de l'équipe ou de l'ensemble d'entre eux. Le fait d'établir des indicateurs permettant d'apprécier correctement le travail est susceptible de promouvoir la gestion participative.

6.3.2. Les étapes de l'appréciation des performances d'une équipe

Il existe essentiellement deux étapes préalables à la mise en vigueur d'un système d'appréciation des performances d'équipe :

- ♦ la première qui s'impose consiste à rappeler les valeurs de l'organisation en ce qui a trait à la qualité de la production, aux relations de travail, à l'approche client ou au positionnement de l'entreprise. Elle permet de décrire clairement la vision de l'organisation. Cette dernière peut prendre la forme d'un régime de valeurs apte à orienter l'action dans des domaines variés de production et de développement anticipé de l'entreprise sur tous les plans : matériels, financiers et humains ;

♦ il est ensuite pertinent de cerner, dans une deuxième étape, les stratégies d'entreprise susceptibles de traduire au mieux la vision proposée. Normalement, ces stratégies visent principalement le développement, soit en quantité, soit en qualité, de la clientèle de l'organisation.

Les deux phases précitées étant réalisées, chaque équipe dûment constituée pourra procéder à la formulation de son mandat, lequel comprend naturellement les objectifs pertinents à sa réalisation.

L'appréciation des performances d'équipe revêt généralement un caractère de résultats. Tout membre d'une organisation et, par conséquent, d'une équipe possède une ou plusieurs clientèles de référence. Celles-ci se subdivisent en deux grandes catégories, soit les clientèles internes et externes. Chaque membre d'une équipe doit décrire et comprendre les besoins de ses propres clientèles. Il doit en outre comprendre clairement les liens qu'il entretient avec ces dernières. De plus, chaque client d'un membre d'une équipe possède lui-même ses objectifs spécifiques, d'où la possibilité de voir surgir des conflits d'objectifs à l'occasion. Néanmoins, les objectifs d'équipe constituent une référence précieuse dans la planification de l'appréciation des performances.

6.3.3. Le niveau d'autonomie de l'équipe et l'appréciation des performances

Dans une équipe, la performance est largement le fruit de l'expertise des pairs. Plus une équipe est performante, plus elle a besoin d'évoluer dans un contexte d'autonomie. Le rôle attribué aux pairs, en cette matière, est tributaire du degré d'autonomie de l'équipe. Le postulat de base est que tous les membres de l'équipe ont un intérêt commun dans la recherche et l'atteinte d'un niveau de performance optimal. Le qualificatif optimal est ici utilisé pour éviter de mettre trop l'accent sur la recherche d'efficacité, ce qui pourrait avoir des effets négatifs sur la performance de l'équipe. Soulignons que les membres de l'équipe ont généralement besoin de formation pour être en mesure de formuler une appréciation valide de leur contribution.

Afin de vérifier le niveau de compétence de l'équipe, et par le fait même d'établir le degré d'autonomie qui lui sera accordé, deux étapes s'imposent (Stevens et Campion, 1994) :

- il faut d'abord évaluer la capacité des membres de l'équipe à s'autogérer, c'est-à-dire à définir des objectifs de travail communs et à mettre en œuvre des moyens efficaces de réalisation des projets ;
- il y a ensuite lieu de tenir compte de la capacité des membres de l'équipe à établir des relations interpersonnelles permettant de résoudre efficacement les conflits et de communiquer l'information dans des délais optimaux.

6.3.4. L'élaboration du processus d'appréciation d'équipe

L'appréciation des résultats des équipes de travail implique, au préalable, l'adoption d'un programme d'appréciation adéquat qui prend la forme d'une politique d'entreprise. Celle-ci doit d'abord s'assurer que le mode d'organisation autorise et balise le travail d'équipe.

Vient ensuite le sujet des rôles confiés aux équipes dans l'organisation. Le niveau de délégation de pouvoir aux équipes détermine le mode d'appréciation qui sera subséquemment privilégié. En présence d'une délégation tangible du pouvoir vers les unités administratives de base, on privilégie l'autoappréciation des performances de l'équipe par ses membres et, dans une certaine mesure, de ses membres par les pairs. Autrement, il y aura lieu de favoriser une approche plus traditionnelle qui accorde un rôle plus large aux dirigeants de l'organisation dans la formulation de l'appréciation.

Quel que soit le mode d'appréciation retenu, il est important que les critères d'appréciation tiennent compte de la réalité quotidienne des équipes en cause. Ceux-ci doivent être, de préférence, analogues d'une équipe à l'autre afin que le niveau d'objectivité dans le processus d'appréciation soit le plus élevé possible.

6.3.5. La compétence individuelle et la compétence d'équipe

En contexte d'équipe, la compétence individuelle est un sous-système de la performance d'équipe. Elle est le résultat d'un ensemble de connaissances et d'habiletés qui trouvent leur expression et, par conséquent, leur évaluation dans le cadre de l'équipe, incluant les comportements qui dépendent essentiellement de l'employé lui-même comme le fait d'être présent aux réunions. En fait, c'est la juxtaposition des compétences individuelles avec la synergie de groupe qui assure la performance de l'équipe. La performance d'équipe comprend des comportements intégrés ou interdépendants, qui contribuent à leur tour à la réalisation des objectifs de l'équipe. La performance d'équipe est donc la sommation des performances individuelles qui, en présence d'une synergie relationnelle, procure une valeur ajoutée à l'ensemble.

La compétence d'équipe est issue de plusieurs réalités concomitantes. Elle naît d'une synergie entre les objectifs de l'organisation et ceux de l'équipe ; elle est aussi reliée aux individus, spécialement à leur savoir-être et à leur savoir-faire. Cette caractéristique revêt parfois une composante technique qui concerne les connaissances des individus. Elle touche aussi abondamment la capacité relationnelle des membres de l'équipe, notamment leur capacité de régler leurs problèmes d'une manière effective. La compétence d'équipe est donc issue d'un ensemble de causes relativement diversifiées.

Chaque membre de l'équipe doit se sentir concerné par la définition de la compétence. Chacun doit être conscient des résultats anticipés par l'équipe afin d'être en mesure d'établir son propre niveau de contribution. En étant capable de saisir son rôle par rapport à la mission de l'équipe, il doit aussi visualiser sa contribution par rapport à celle de ses partenaires dans l'équipe. Ultimement, tout membre d'une équipe devra saisir son implication dans l'atteinte des objectifs de l'organisation à travers les réalisations de son équipe.

L'intégration du travail d'équipe à la culture organisationnelle est une condition facilitant l'appréciation des performances de groupe. Ainsi, un système d'appréciation des performances construit et mis en place dans le but de motiver les individus faisant partie de l'équipe produit normalement un impact positif sur la motivation de la plupart, sinon de l'ensemble des membres du groupe, ce qui augmente finalement la performance de l'équipe en tant qu'entité distincte (Reilly et McGourty, 1998).

6.4. LES CRITÈRES DE COMPÉTENCE D'ÉQUIPE

Les entreprises possèdent leur approche spécifique d'organisation du travail en équipes. Par exemple, elles développent leur propre langage interne en matière de groupes de créativité, d'équipes semi-autonomes ou d'équipes de travail autogérées. Ainsi, les organisations qui valorisent le travail d'équipe élaborent un langage administratif distinct de celles qui ne le font pas. Malgré ces divergences langagières, il existe, entre les organisations, des similitudes dans les critères d'appréciation du travail d'équipe. Des échelles d'observation des comportements peuvent être proposées aux membres des équipes mais chaque entreprise révèle sa condition spécifique. Un diagnostic des besoins est donc souhaitable.

Voici une liste de huit critères utiles pour apprécier la performance du travail d'équipe (Dyer, 1995) :

- la **congruence** de l'équipe dans l'organisation, c'est-à-dire la clarté des objectifs et des valeurs de l'équipe par rapport à la philosophie de gestion de l'organisation ;
- la **confiance**, c'est-à-dire le climat de sécurité et de support qui règne entre les membres de l'équipe ;
- la **communication**, c'est-à-dire la qualité du rapport qui existe entre les membres de l'équipe et entre l'équipe et son environnement ;
- la **participation**, c'est-à-dire le fait que les membres prennent part activement au cheminement de l'équipe ;
- l'**engagement**, c'est-à-dire le souci de donner suite aux décisions ou aux recommandations de l'équipe ;
- le **leadership**, c'est-à-dire le fait que les membres de l'équipe acceptent les influences internes ou externes auxquelles ils sont soumis ;
- la **résolution des conflits**, c'est-à-dire la capacité de l'équipe de prévenir et de réduire les problèmes avant qu'ils ne perturbent son fonctionnement ;
- la **structure**, c'est-à-dire le mode d'organisation privilégié par les membres de l'équipe afin de réaliser leur mandat.

GRILLE D'APPRÉCIATION D'ÉQUIPE

Les critères précités pourraient faciliter la construction d'une grille d'appréciation relativement simple si l'on y ajoutait, par exemple, la présence et la régularité au travail. En effet, une équipe dont les membres sont plutôt absents et qui ne se réunit pas suffisamment souvent ne saurait être performante. Par conséquent, tous ces critères pourraient servir à construire un outil d'appréciation du travail en équipe, comme le présente le tableau 8.

Il existe plusieurs façons d'apprécier le travail en équipe. Les méthodes d'appréciation individuelle évaluent habituellement dans quelle mesure les résultats du travail d'un individu répondent à certains standards ou critères. Ces critères sont alors appuyés sur des traits susceptibles d'annoter des niveaux donnés de performance. Le même principe peut largement s'appliquer au travail en équipe. Tout comme en appréciation individuelle, il est possible de procéder à des regroupements de critères d'appréciation. Voici quatre grandes catégories de critères liés à la performance d'équipe (Dominik, Reilly et McGounty, 1997) :

TABLEAU 8

Fiche d'appréciation du travail d'équipe (exemple 1)

Titre de l'équipe: **Période d'appréciation:**

Noms des membres de l'équipe:

Échelle: 5 = Dans une très grande mesure
4 = Dans une grande mesure
3 = Dans une moyenne mesure
2 = Dans une faible mesure
1 = Dans une très faible mesure

Critère	Description	Score
1. Congruence	Les membres de l'équipe possèdent des objectifs et des valeurs clairs.	
2. Confiance	Les membres de l'équipe évoluent dans un climat de sécurité et de soutien mutuel.	
3. Communication	Les membres de l'équipe entretiennent des rapports de qualité entre eux et avec leur environnement.	
4. Participation	Les membres prennent activement part au cheminement de l'équipe.	
5. Engagement	Les membres éprouvent le souci de donner suite aux décisions et recommandations de l'équipe.	
6. Leadership	Les membres acceptent les influences internes ou externes auxquelles ils sont soumis dans l'organisation.	
7. Résolution de conflits	Les membres de l'équipe sont capables de réduire ou de régler à temps les problèmes auxquels ils sont confrontés.	
8. Structure	Le mode d'organisation de l'équipe est conforme aux valeurs privilégiées.	
9. Présence	Les membres de l'équipe sont présents au travail.	
10. Régularité	L'équipe tient ses réunions à une fréquence appropriée.	
Total (sur 50)		

♦ la compétence de communication, qui se traduit notamment par la qualité des communications entre les membres de l'équipe ainsi que leur capacité de prévenir et de résoudre les conflits;

♦ la compétence de participation, qui permet à l'équipe de se fixer des objectifs et d'organiser son travail en vue de les réaliser ;

♦ la compétence de prise de décision, qui implique que les membres de l'équipe savent faire les compromis nécessaires à la production de résultats concrets ;

♦ la compétence de suivi, qui indique la capacité de l'équipe de vérifier les effets tangibles de ses décisions.

Le tableau 9 suivant montre comment la performance d'une équipe pourrait être appréciée en retenant les quatre critères précités et en les appliquant à quatre dimensions distinctes, soit la planification et la coordination du travail, ainsi que les résultats qualitatifs et quantitatifs atteints par l'équipe.

TABLEAU 9

Fiche d'appréciation des contributions d'une équipe (exemple 2)

Titre de l'équipe : Période d'appréciation :

Noms des membres de l'équipe :

Échelle : 5 = Dans une très grande mesure
4 = Dans une grande mesure
3 = Dans une moyenne mesure
2 = Dans une faible mesure
1 = Dans une très faible mesure

Critères d'appréciation	Planification du travail	Coordination du travail	Résultats qualitatifs	Résultats quantitatifs
Communication	4	4	4	3
Participation	5	4	5	3
Prise de décision	4	3	3	3
Suivi	5	3	4	4
Moyenne	**4,5**	**3,5**	**4**	**3,3**

Il appartient logiquement au leader ou à l'animateur de l'équipe de proposer une méthode d'appréciation. En outre, les membres de l'équipe sont habituellement en mesure de jouer un rôle actif dans ce processus. Ceux-ci sont normalement en mesure de produire une appréciation adaptée aux réalités de leur travail, puisqu'ils y participent directement ; ils y parviennent toutefois plus aisément lorsque leur démarche est balisée par un programme et des critères appropriés d'appréciation.

6.5. LES APPROCHES D'ANALYSE DU TRAVAIL D'ÉQUIPE

L'analyse du travail d'équipe peut être faite de diverses manières. Il faut déterminer le partage des tâches d'appréciation et la compétence des membres peut être mise à contribution. L'équipe confie des responsabilités à ses membres et, s'il y a lieu, fait les médiations utiles. Le travail d'équipe se prête à l'analyse selon diverses approches. Parmi celles-ci, l'analyse séquentielle, l'approche client et l'analyse fonctionnelle méritent une attention particulière (Jones et Schilling, 2000).

6.5.1. L'analyse séquentielle

L'analyse séquentielle part du principe que la plupart des activités ou des projets, dans une entreprise, sont constitués d'étapes ou de séquences liées entre elles de diverses façons. Dans ce contexte, un comportement de groupe en induit un autre. Par exemple, sélectionner un employé implique dans un premier temps de recevoir des candidatures, de choisir les candidats à des fins d'entrevue, de préparer le contenu de l'entretien et de le réaliser, et, finalement, de prendre la décision d'embauche. Ces étapes représentent des séquences très liées les unes aux autres et ne peuvent s'effectuer valablement sans recourir au travail en équipe. L'analyse séquentielle permet de comprendre les résultats du travail d'équipe en comparant les procédures suivies à des procédures idéales. Ces dernières constituent un guide dans la recherche de la performance.

6.5.2. L'approche client

L'approche client consiste à analyser le travail en équipe en fonction des résultats tangibles ou observables à l'égard de personnes ou de clients concernés par les activités de l'équipe. L'approche implique de définir en premier lieu les bénéficiaires du travail de l'équipe et, en second lieu, de prévoir les extrants qui seront produits. Quels sont les résultats anticipés ? Le cadre de la réflexion dépasse la stricte dimension de gestion par résultats, dans le sens que ces résultats sont visualisés dans le contexte des besoins des clients de l'entreprise. Faut-il ajouter que la prémisse de la méthode est celle du client-roi ? Par conséquent, ce dernier détient un rôle central dans l'appréciation de la performance de l'équipe qui lui a destiné ses résultats. La méthode juxtapose donc le jugement du client à celui des membres de l'équipe.

L'approche client se réalise en cinq temps :
♦ baliser ce dont l'équipe a besoin, c'est-à-dire les intrants, afin de produire ses résultats ;

- déterminer les produits ou les services que l'équipe offre directement ou indirectement;
- formuler les attentes de l'équipe à l'égard des résultats prévisibles, c'est-à-dire les extrants;
- définir des indicateurs afin de suivre et d'évaluer les résultats de l'équipe au regard de la production attendue;
- obtenir un retour d'information des personnes à qui les extrants sont destinés.

6.5.3. L'analyse fonctionnelle

L'analyse fonctionnelle est plus centrée sur le processus suivi par l'équipe que sur ses résultats au sens strict. Si l'analyse séquentielle comporte une orientation historiciste, l'analyse fonctionnelle consiste à apprécier le mode de fonctionnement privilégié par l'équipe à un moment donné. Il s'agit alors de discerner les parties d'un tout ou de déterminer les rapports que ces parties entretiennent les unes avec les autres. C'est donc de la fonction même ou de la nature de l'équipe qu'il s'agit.

L'analyse fonctionnelle implique de décomposer les problématiques confiées à l'équipe selon ses éléments constitutifs. Il faut donc examiner attentivement l'ensemble de ses travaux en accordant notamment de l'attention à la façon dont l'équipe règle les problèmes qui lui sont présentés. L'analyse fonctionnelle s'intéresse non seulement à la méthode utilisée pour surmonter les difficultés mais aussi aux composantes des solutions apportées. Cela inclut, évidemment, le mode de résolution des conflits qui peuvent survenir entre les membres de l'équipe.

L'appréciation des performances de l'équipe est aussi importante, sinon plus, que l'appréciation des performances individuelles. Peu importe la méthode qui sera mise en place pour effectuer une telle appréciation, il faut surtout se rappeler que l'appréciation des performances d'une équipe se conçoit d'abord en fonction du projet, ou des objectifs généraux et spécifiques de l'équipe concernée, et de l'entreprise dans son ensemble.

L'appréciation multisource tire sa légitimité d'un principe fort simple. Une des meilleures façons de se connaître soi-même est certes de demander à d'autres ce qu'ils pensent de soi. Cette formule est donc profondément liée aux relations d'affaires que l'apprécié établit dans le cadre de l'accomplissement de son travail. L'appréciation multisource, également appelée méthode de la rétroaction (*feedback*) à 360 degrés, est certes un outil puissant de retour d'information sur la perception d'un individu par son environnement, relativement à ses réalisations au travail. Elle exige un mode de gestion spécifique, généralement plus sophistiqué que l'appréciation individuelle. L'appréciation multisource représente donc par elle-même un programme d'appréciation relativement exhaustif.

L'objectif de ce septième chapitre est de présenter les connaissances utiles à l'élaboration et à la mise en vigueur d'un programme d'appréciation multisource en contexte de travail.

7.1. LES COMPOSANTES DE L'APPRÉCIATION MULTISOURCE

L'appréciation multisource propose un processus qui s'appuie sur un ensemble de jugements formulés par des individus qui, à l'intérieur ou à l'extérieur de l'organisation, ont eu une relation d'affaires avec l'apprécié au cours d'une période donnée. Ces personnes, appelées à exercer le rôle d'appréciateur, sont normalement, outre le supérieur hiérarchique, des subalternes de l'employé, le cas échéant, et des pairs œuvrant directement ou indirectement avec l'apprécié. Les clients qui ont bénéficié des services de l'apprécié et, finalement, des fournisseurs de l'organisation participent parfois au processus. En effet, les programmes d'appréciation multisource ont parfois recours à des appréciateurs à l'extérieur de l'organisation, soit parmi les clients ou les fournisseurs. Cela ajoute en quelque sorte un demi-tour au 360 degrés que représente la tournée interne des appréciateurs. Le système d'appréciation est alors plutôt de type 540 degrés.

L'étendue du tour d'horizon des appréciateurs, ou le nombre d'individus consultés à ce titre, varie considérablement selon les besoins de l'entreprise et les objectifs des programmes d'appréciation en vigueur. L'appréciation multisource requiert la rétroaction d'individus qui sont en relation verticale ou latérale avec l'apprécié. Il s'agit donc d'un processus à la fois horizontal et vertical privilégiant la consultation des individus qui sont entrés en contact avec l'apprécié, qu'il s'agisse des subalternes, du supérieur hiérarchique ou de collègues directs ou indirects.

L'approche multisource privilégie un processus graduel sous la forme d'un continuum (Brutus, Fleenor et London, 1998). On procède d'abord à la formulation des objectifs de performance, en étroite collaboration avec les appréciés concernés. Ensuite, on retient certains éléments d'information pertinents soulignés par différents appréciateurs dans un but de reconnaissance des réalisations et de rétroaction à l'apprécié. Une fois les leçons utiles tirées de cette opération, spécialement au plan de la formulation d'une appréciation, on amorce un nouveau cycle, en élaborant de nouveaux objectifs, d'où le caractère continu de la démarche.

7.2. LA RAISON D'ÊTRE DE LA MÉTHODE MULTISOURCE

L'appréciation multisource connaît une certaine progression dans les entreprises (London et Smither, 1995). Présentement, elle serait utilisée par environ 15 % des entreprises américaines (Gruner, 1997). Divers facteurs militent en faveur d'une montée de la méthode de rétroaction à 360 degrés. La recherche plus présente de protection des droits individuels dans les sociétés occidentales incite l'entreprise à devenir plus démocratique. Les nouvelles technologies créant un besoin de main-d'œuvre plus scolarisée, les décisions des gestionnaires, surtout en matière de gestion des carrières, doivent recevoir une justification adéquate. L'entreprise moderne a besoin d'introduire des mécanismes plus solides de validation de prises de décision en matière d'appréciation des performances et, par conséquent, de gestion des carrières. En cette matière, l'appréciation multisource peut se révéler utile.

APPRÉCIATION ET MOBILISATION

Les organisations valorisent sans contredit de nouvelles valeurs axées sur la participation ainsi que sur le développement personnel et organisationnel. Les approches multisources privilégient hautement la participation par le nombre et la variété des opinions qui justifient l'appréciation. Le caractère diversifié de l'information recueillie présente une utilité non seulement pour l'apprécié mais également pour l'entreprise. En effet, l'information qui en résulte concerne autant un service dans son ensemble qu'un apprécié en tant que tel. Les renseignements issus de l'opération d'appréciation peuvent donc représenter un levier de développement tant pour l'appréciateur que pour l'apprécié. On peut donc dire que la méthode multisource soutient la mobilisation et la formation des ressources humaines.

APPROCHES MULTISOURCES VERSUS UNISOURCES

D'autres motifs liés à l'insatisfaction ou à la frustration engendrées par les approches unisources justifient le besoin de recourir à des nouveaux outils comme la méthode d'appréciation multisource. En effet, les méthodes d'appréciation unisource ou individuelle ont la réputation d'attribuer un rôle quasi unilatéral, parfois exclusif, à l'appréciateur, dans la formulation de l'appréciation au détriment de l'apprécié. Par surcroît, contrairement aux approches multisources, elles réduisent implicitement la diversité des sources évaluatives sur lesquelles l'appréciation est fondée. En contexte unisource, le supérieur hiérarchique pourrait certes consulter divers individus par l'intermédiaire, par exemple, d'un sondage interne avant de formuler son appréciation. Il n'en demeurerait pas moins que les résultats de l'appréciation seraient le fruit de sa décision personnelle. Il importe de souligner que les appréciateurs sont à ce point aux prises avec des préoccupations de quotidienneté qu'ils risquent de passer outre à la juste considération des opinions de l'apprécié. Par conséquent, l'approche d'appréciation choisie ne peut régler, à elle seule, tous les problèmes liés aux relations interpersonnelles, à la confiance et à la bonne foi.

7.3. LES CRITÈRES D'APPRÉCIATION MULTISOURCE

Les critères d'appréciation demeurent d'une importance stratégique en situation multisource d'autant plus que le degré de connaissance du travail de l'apprécié varie selon les appréciateurs. Comme la réalité de chacun est spécifique, chaque appréciateur souhaite utiliser ses propres critères d'appréciation. Pourtant, la méthode de rétroaction à 360 degrés implique, pour des fins de comparaison, que chaque catégorie d'appréciateurs utilise les mêmes critères. En effet, un programme avec des critères différents d'une catégorie d'appréciateurs à l'autre rendrait toute comparaison entre les notations des appréciateurs impossible. Par ailleurs, il est probable que la quantité d'appréciateurs participant au processus augmente le niveau d'exactitude ou de rigueur des jugements évaluatifs portés.

COMPÉTENCES RECHERCHÉES

Normalement, les critères fixés visent les compétences recherchées et le questionnaire d'appréciation doit définir adéquatement ces compétences. Évidemment, ces dernières doivent être en relation avec le poste et provenir des principales réalités du travail de l'apprécié. Pour ce faire, les critères d'appréciation doivent être issus d'une analyse, tout au moins sommaire, du travail concerné. Par exemple, les critères suivants seraient pertinents pour apprécier les contributions d'un gestionnaire :

- ♦ la qualité, soit l'engagement ou l'attention de l'apprécié afin de fournir un service ou une production sans erreurs ;
- ♦ la communication, soit la capacité de fournir une information de qualité, qu'elle soit verbale, écrite ou électronique ;
- ♦ la motivation, soit le fait que l'apprécié soit toujours disposé à agir dans le sens souhaité ;
- ♦ le leadership, soit l'aptitude à convaincre les autres sur divers sujets ;
- ♦ la résolution de problèmes, soit l'efficacité avec laquelle l'apprécié propose des solutions tangibles face à un problème en apparence complexe ;
- ♦ la participation, soit l'habileté de l'apprécié à impliquer et à faire agir spontanément d'autres personnes dans le cadre de ses projets.

CHOIX DES CRITÈRES MULTISOURCES

Les critères qui précèdent sont de facture générale. Ils sont construits sans tenir compte des disciplines classiques en gestion comme les ventes, la finance, le marketing, les ressources humaines ou les relations de travail.

Néanmoins, ils peuvent servir de guides à d'éventuels appréciateurs sous réserve des adaptations d'usage. Le rôle ou le statut professionnel de l'appréciateur influe sur le choix des critères. S'agit-il d'un collègue, d'un subalterne, d'un supérieur, d'un client ou d'un fournisseur ? Les critères choisis doivent aussi tenir compte des relations antérieures de l'appréciateur avec l'apprécié. En effet, parmi les appréciateurs, certains ont une relation occasionnelle avec l'apprécié, d'autres ont une relation plus stable. Dans l'ensemble, les critères doivent contribuer à l'harmonisation de diverses composantes de ressources humaines comme la sélection, la formation, les promotions ou les rémunérations (Sparrow et Bognanno, 1993). Dès lors, les critères choisis peuvent soutenir la construction d'un modèle spécifique de compétence, c'est-à-dire un modèle adapté aux défis de l'organisation.

Un critère pertinent permet d'apprécier adéquatement des réalisations tangibles et se prête aux diverses catégories d'appréciateurs susceptibles d'intervenir dans une démarche multisource, soit l'apprécié lui-même, le supérieur hiérarchique, des subalternes, des collègues et, à la limite, des clients externes et des fournisseurs.

Le tableau 10 traduit des critères classiques d'appréciation dans un formulaire qui utilise une échelle de cotation à cinq niveaux.

CRITÈRES ET DÉFIS DE L'ENTREPRISE

Il est opportun que les compétences appréciées contribuent au succès humain et financier de l'organisation. Celui-ci est la conséquence de la contribution des employés sans qui elle ne saurait exister. Le succès de la firme est lié objectivement à sa situation compétitive par rapport à l'environnement externe. Plus spécifiquement, il s'agit de son marché présent et futur. S'il faut procéder à la mise en œuvre de critères d'appréciation à partir des réalités des postes de travail, il faut aussi vérifier que ces postes traduisent bien les défis que doit relever l'entreprise pour assurer sa vitalité et sa compétitivité. C'est en s'appuyant sur les défis de l'organisation que les critères prennent tout leur sens.

Les compétences recherchées, lesquelles sont à la base de l'élaboration des critères, doivent être décrites positivement plutôt que négativement (Yukl et Lepsinger, 1995). En effet, une formulation positive est plus susceptible de protéger la motivation des utilisateurs du système d'appréciation, alors qu'un énoncé négatif place indûment les utilisateurs, spécialement les appréciés, sur la défensive. Proposés de façon positive, les critères traduisent le lien entre les défis de l'organisation et la compétence au travail.

Tableau 10

Formulaire d'appréciation multisource

APPRÉCIATION MULTISOURCE

Indiquez, en vous référant à l'échelle suivante, le degré de présence du critère concerné dans les échanges ou les contacts que vous avez eus avec l'apprécié sous diverses formes: verbales, écrites ou électroniques.

Échelle : 5 = Dans une très grande mesure
4 = Dans une grande mesure
3 = Dans une moyenne mesure
2 = Dans une faible mesure
1 = Dans une très faible mesure

N.B. : N'inscrivez rien pour un critère pour lequel vous n'êtes pas en mesure de formuler une opinion.

Critères	Cote octroyée
1. Considération de vos besoins La considération manifestée par l'apprécié à l'égard de besoins dont vous lui avez fait part.	
2. Considération des besoins de l'organisation La considération manifestée par l'apprécié à l'égard des besoins de l'entreprise.	
3. Suivi Le suivi que l'apprécié a accordé aux affaires que vous avez traitées avec lui ou elle.	
4. Disponibilité La disponibilité que vous a démontrée l'apprécié.	
5. Qualité du travail La qualité du travail, des services ou de la production de l'apprécié.	
6. Quantité du travail La quantité de travail, de services ou de la production de l'apprécié.	
7. Relations interpersonnelles La qualité de vos relations avec l'apprécié.	
8. Communication La qualité de vos échanges avec l'apprécié.	
9. Leadership L'aptitude de l'apprécié à vous convaincre de ses idées.	
10. Satisfaction générale Dans l'ensemble, indiquez votre niveau de satisfaction à l'égard de la contribution de l'apprécié.	

7.4. LA GESTION DU PROGRAMME MULTISOURCE

Une approche multisource s'infère d'un principe de gestion participative duquel surgit la méthode d'appréciation. Le programme officiel étant élaboré, les informations sont ensuite recueillies et traitées dans le but de produire les appréciations.

7.4.1. L'engagement de la direction de l'entreprise

Le succès d'une méthode d'appréciation multisource dépend de la qualité de son insertion dans la mission de l'organisation. *A contrario*, elle ne peut fonctionner adéquatement si elle n'est pas convenablement appuyée par une politique organisationnelle claire. Une telle approche favorise une dynamique d'harmonisation entre les besoins de l'entreprise et ceux des individus appelés à assurer son destin. Elle représente également un outil stratégique de développement et d'engagement des ressources humaines.

Résolument appuyée par la haute direction de l'entreprise, l'approche multisource peut provenir d'un modèle de compétence axée sur les valeurs et les stratégies de l'organisation à moyen et long terme. Un tel modèle naît d'une démarche organisationnelle dont les étapes essentielles sont les suivantes (Zarifian, 2001) :

♦ clarifier une stratégie organisationnelle liée à l'approche client. Par exemple : assurer un service de qualité totale à la clientèle de haut niveau ;

♦ préciser les choix fondamentaux en cause. Par exemple : favoriser le transfert de compétences entre les employés clés de l'organisation ;

♦ donner un sens précis à la compétence. Par exemple, faire en sorte que le client perçoive que ses besoins sont pris en compte, grâce à un contact personnalisé avec les employés ;

♦ définir les domaines ou les critères de compétence les plus pertinents comme la compétence relationnelle, de communication, etc. ;

♦ analyser les critères de compétence précités en s'assurant de la participation des individus concernés, qu'ils soient appréciateurs ou appréciés.

7.4.2. La conception d'un outil multisource

Le premier outil multisource de référence est certes le questionnaire d'appréciation. Sa longueur, réelle ou apparente, est importante, car elle est liée dans une certaine mesure à la qualité de la réponse. En effet, face à un questionnaire trop long, l'appréciateur sera enclin soit à le mettre de côté pour le traiter ultérieurement, soit simplement à oublier d'y répondre (Bracken, 1994). Le questionnaire d'appréciation doit donc être bref et pertinent, conçu de manière à encourager l'appréciateur à le remplir avec attention et promptitude.

Les outils utilisés doivent être gérés convenablement. En plus de la longueur des questionnaires, il faut tenir compte de leur diversité. L'approche exige que des appréciateurs de diverses provenances apprécient les performances de plusieurs personnes. Elle peut engendrer des lourdeurs administratives. Il est donc opportun de procéder à un traitement électronique de l'information. Par ailleurs, la preuve primaire, soit le support papier, doit demeurer accessible en cas de problème relatif à l'accès à l'information. En fait, chaque apprécié doit avoir confiance au traitement d'information qui a été effectué dans le but de produire son appréciation.

ÉCHELLE DE RÉPONSES

Quel type de réponses le questionnaire doit-il fournir à l'appréciateur? Il est recommandé de présenter des échelles de classement avec un choix de réponses allant, par exemple, d'une « très grande mesure » à une « très faible mesure », ou encore de « très en accord » à « très en désaccord ». Par contre, des échelles de fréquence sous la forme de « toujours », « habituellement », « quelquefois » ou « jamais » sont d'un usage plus limité (Bracken, 1996). Soulignons que la qualité et la pertinence des échelles de réponses apparaissant sur les formulaires d'appréciation constituent un problème complexe auquel il faut accorder une attention particulière. En effet, les points ou la pondération de l'échelle choisie doivent pouvoir produire suffisamment de variance pour faire les analyses pertinentes dans le futur. L'objectif recherché est de pouvoir procéder, si nécessaire, aux tests statistiques d'usage en matière de validité.

COMMENTAIRES

Le questionnaire devrait encourager l'appréciateur à formuler des commentaires. Ces renseignements permettent une meilleure interprétation des cotes prévues aux échelles. La manière optimale de procéder consiste à demander à l'appréciateur d'apposer ses remarques à la fin du questionnaire en fonction des deux axes habituels. Le premier concerne les forces de l'apprécié et le second, la manière dont l'apprécié pourrait s'améliorer. Cette dernière option fait référence aux besoins de développement de l'apprécié.

Les commentaires des appréciateurs sont normalement attachés au rapport d'appréciation, après avoir été dactylographiés. Leur utilité est généralement accessoire ; ils ne font pas partie du noyau central de l'appréciation. Certains programmes présentent les commentaires des appréciateurs sous une forme générique. Le problème, avec les commentaires, est qu'il est parfois difficile d'attribuer un poids relatif à chacun d'eux. Par exemple, sur un total de 20 commentaires, la moitié d'entre eux pourraient être issus d'un seul appréciateur. Il est donc opportun que l'apprécié puisse lier la quantité de commentaires émis au nombre de personnes qui les ont formulés.

7.4.3. L'acheminement et la collecte des informations

L'acheminement et la collecte des questionnaires contribuent à la réalisation de l'échéancier de la méthode multisource. Les appréciateurs, et surtout les appréciés, s'attendent à ce que les questionnaires dûment remplis transitent par le moins d'intermédiaires possible, en raison du caractère confidentiel et sensible des informations qu'ils contiennent. Il est évidemment à proscrire que les appréciations stagnent sur divers bureaux de l'entreprise avant de se rendre au destinataire, c'est-à-dire l'apprécié. Cette exigence liée à la protection des renseignements personnels a de meilleures chances d'être satisfaite si elle est assumée par une personne externe à l'organisation, que l'on présume plus neutre. Le tout est habituellement organisé de sorte que l'apprécié et le supérieur hiérarchique reçoivent chacun une seule enveloppe contenant l'ensemble des appréciations pour un individu donné. On peut également procéder par courrier électronique à la condition qu'il offre les mêmes garanties de confidentialité que le courrier classique. Une autre méthode de retour des questionnaires est le site Web avec code d'accès. Quels que soient les systèmes d'acheminement et de retour d'information mis en place, le but est que les données recueillies puissent être traitées promptement, et que les garanties d'usage en matière de gestion des renseignements personnels soient respectées.

7.4.4. La présentation et la pondération des données

Les données doivent être d'une lecture ou d'une compréhension aisée. De chaque appréciation se dégage normalement une moyenne incluant celle de l'apprécié. Les caractéristiques en cause doivent être analogues ou comparables. En outre, le poids attribué à chaque source appréciative peut fluctuer ou être d'une valeur équivalente. Généralement, un poids équivalent est accordé à chaque appréciation. Par exemple, si le système fait appel à cinq sources appréciatives différentes, soit l'apprécié lui-même, son supérieur hiérarchique, des collègues de sa ligne hiérarchique, des collègues d'une ligne hiérarchique différente et des subalternes de l'apprécié, chaque source appréciative représentera 20 % de la cote globale de l'appréciation. En théorie, il vaut mieux qu'une pondération égalitaire soit accordée à chaque catégorie de source appréciative, car il est difficile d'octroyer plus d'importance à une catégorie de source, par exemple celle d'un collègue direct, qu'à une autre, celle d'un collègue indirect. Dans certaines situations, les résultats de l'autoappréciation seront traités distinctement et, par conséquent, exclus de la moyenne, par exemple, si le supérieur hiérarchique et l'apprécié le souhaitent d'emblée.

APPRÉCIATIONS EXCESSIVES

Certaines pratiques visent à éliminer l'effet d'appréciations excessives, qui accorderaient un score trop élevé ou trop faible par rapport à la moyenne des scores établis, pour une appréciation donnée. On peut, par exemple, éliminer systématiquement, parmi l'ensemble des résultats, le score le plus faible et le score le plus élevé. Ce faisant, on risque cependant de négliger certains renseignements signifiants. Mais cette approche a le mérite d'éviter qu'un appréciateur spécifique puisse exercer une influence indue sur le processus par l'utilisation intentionnelle de scores excessifs. Cette possibilité peut être également laissée à la discrétion de l'apprécié s'il juge la pertinence de l'utiliser.

Les résultats d'une opération d'appréciation multisource, pour un apprécié en particulier, sont généralement présentés en associant les critères retenus aux sources appréciatives concernées, comme le montre le tableau 11.

NIVEAU DE CONCORDANCE DES APPRÉCIATIONS

Le niveau de concordance des appréciations d'un appréciateur à l'autre, pour un critère donné, est relativement important, que les résultats soient négatifs ou positifs. Dans un contexte de consensus entre appréciateurs, un score faible fournira l'opportunité de tracer un plan d'amélioration et de perfectionnement. Dans le cas contraire, si le score est élevé, il faudra envisager un mode de transfert de compétences, spécialement vers les employés qui auront un score faible pour ce même critère. Le message est clair à cet égard. Lorsqu'il y a consensus entre les appréciateurs, il est essentiel d'y donner la meilleure suite possible.

Tableau 11

Illustration d'une présentation des résultats d'une appréciation multisource

Critères ayant fait l'objet d'une appréciation

Échelle :
5 = Dans une très grande mesure
4 = Dans une grande mesure
3 = Dans une moyenne mesure
2 = Dans une faible mesure
1 = Dans une très faible mesure

Critères d'appréciation	Autoappré-ciation	Supérieur	Pairs	Moyenne
Service à la clientèle Ensemble des obligations à l'égard de ceux qui justifient l'existence de l'organisation	3,7	3,2	3,3	3,4
Communication Capacité d'établir une relation valable avec les membres d'un groupe ou de la communauté en général	3,2	3,3	3,0	3,1
Conflit (attitude face au) Comportement adopté ou perception exprimée lors d'événements contrariants relativement aux personnes ou aux groupes	3,3	3,3	3,0	3,2
Connaissances Degré de compréhension de principes ou techniques rattachés aux exigences du poste à pourvoir	4,0	3,9	3,4	3,8
Compréhension verbale Capacité de concevoir clairement des énoncés complexes tant sur une base verbale qu'écrite	4,1	4,0	3,9	4,0
Participation Capacité de faire en sorte que les personnes concernées prennent part à divers projets ou dossiers	4,5	4,2	4,1	4,3
Qualité Capacité de réduire ou de prévenir les erreurs à la source dans le travail	4,2	4,2	4,0	4,1
Planification Capacité de déterminer des objectifs précis et de les mettre en œuvre	4,5	4,6	4,3	4,5
Moyenne	3,9	3,8	3,6	3,8

ACHEMINEMENT DES COMMENTAIRES

Les commentaires des appréciateurs sont généralement acheminés à l'apprécié, quoiqu'ils ne fassent généralement pas l'objet d'un traitement statistique. Il est préférable d'inviter les appréciateurs à formuler leurs commentaires dans une seule section à la fin du formulaire plutôt qu'à chaque critère. On évitera d'insister auprès des appréciateurs pour qu'ils formulent des commentaires, sous peine d'en réduire la qualité (Dalessio, 1996). La transcription et la transmission des commentaires doivent être faites à la lumière des principes de base du fonctionnement du système, notamment la confidentialité.

7.4.5. L'anonymat des appréciations

Il est préférable que les questionnaires comportent des instructions rassurant les appréciateurs quant au traitement confidentiel de leurs réponses, car les renseignements à colliger sont d'une sensibilité élevée. Par ailleurs, l'éthique implique qu'un apprécié puisse connaître la source primaire d'une décision ayant des conséquences graves sur sa carrière. Ce genre de situations présente toutefois un caractère exceptionnel.

Le principe de l'anonymat des appréciateurs limite le droit de l'apprécié à une défense pleine et entière, le cas échéant. Ce problème revêt souvent un caractère théorique en contexte de travail. De manière générale, l'apprécié n'a pas accès à la preuve primaire ou aux rapports personnalisés de ceux ou celles qui ont participé au programme à titre d'appréciateurs. L'apprécié reçoit plutôt un rapport statistique qui inclut au besoin des commentaires. De manière générale, l'objectivité des informations recueillies serait supérieure lorsque la source d'appréciation est anonyme (London et Wohlers, 1991).

7.4.6. Le retour d'information vers les équipes de travail

La méthode multisource se prête à des retours d'information vers les équipes de travail à la condition que l'on procède aux adaptations qu'une telle opération impose. En fait, dans une opération d'appréciation multisource, certaines informations sont de nature générale et d'autres sont de nature spécifique. Il faut éviter que des résultats personnels puissent être reconnus.

Un principe utile consiste à harmoniser le contenu de l'information avec les objectifs départementaux ou ceux des équipes de travail. Par exemple, le fonctionnement des équipes de travail est-il perfectible? Si oui, dans quelle mesure? Quelles suggestions sont susceptibles d'améliorer la qualité des relations de travail entre les membres des équipes? Sur quoi devrait-on dorénavant placer la priorité ? Les appréciations peuvent fournir des pistes de solution à de telles questions. Elles peuvent aussi servir de points d'ancrage à de nouvelles initiatives dans l'organisation.

7.5. LES INTERVENANTS DANS LE PROGRAMME MULTISOURCE

Le programme multisource exige la coopération de divers intervenants. Il faut désigner un coordonnateur du programme. Les appréciateurs doivent être sélectionnés et formés en fonction de la méthode d'appréciation multisource, conformément aux priorités définies dans la conception du programme. Les sources d'appréciation revêtent leur importance propre dans l'ensemble mais un système multisource laisse également une place à l'autoappréciation ainsi qu'à celle du supérieur hiérarchique, à l'instar des programmes traditionnels.

7.5.1. Le coordonnateur du programme

Le coordonnateur des appréciations, dont la présence est habituellement requise, peut influencer le nombre et la forme des questionnaires acheminés dans le cadre du programme. Le choix de cette personne est donc très important, et elle doit avoir la compétence nécessaire non seulement au plan technique mais également au plan éthique. Elle a le mandat de fournir un rapport final d'appréciation qui soit le reflet fidèle de l'ensemble des renseignements qui lui auront été acheminés pour chaque personne dont les résultats du travail ont fait l'objet d'une appréciation.

7.5.2. Les appréciateurs et les appréciés

Que le choix des appréciateurs soit interne ou externe, un certain nombre de facteurs prévalent dans leur désignation. D'abord, ces derniers préfèrent que leur rôle s'exerce discrètement (Antonioni, 1994). Il y a lieu de traiter de ce sujet avec les appréciateurs dès leur sélection. Le contexte historicorelationnel avec l'apprécié est un élément central à considérer dans l'organisation du rôle des appréciateurs (Conway et Huffcutt, 1996). Ces derniers doivent être en mesure de fournir les appréciations les plus pertinentes, d'où l'importance que chacun d'eux connaissent l'apprécié. Un simple contact occasionnel ne saurait suffire.

Les appréciés peuvent influencer le choix de certains appréciateurs. Plus le système d'appréciation multisource est centré sur le développement de l'individu et de l'organisation, plus il est recommandé que l'apprécié joue un rôle actif dans le choix des appréciateurs, à l'exception évidemment du supérieur hiérarchique dont le rôle est en principe incontournable. En outre, plus les appréciés participeront au choix des appréciateurs, mieux ils accepteront les résultats du processus.

Idéalement, le choix des appréciateurs se réalise sur une base concertée entre le supérieur hiérarchique et l'employé. Généralement, les deux s'entendent sur la désignation de l'ensemble des appréciateurs, chacun d'entre eux désignant une partie de l'équipe d'appréciateurs. Néanmoins, le choix des appréciateurs peut se faire selon l'une ou l'autre des trois approches suivantes (Handy, Devine et Heath, 1999) :

♦ l'apprécié choisit seul : dans ce cas, l'apprécié est susceptible de mieux accepter le contenu des appréciations. Par contre, certains biais peuvent intervenir dans le choix des appréciateurs. Naturellement, un apprécié sera enclin à choisir des individus susceptibles de l'avantager, d'où la présence d'un conflit d'intérêts implicite ;

♦ l'apprécié choisit avec les ressources humaines ou le service mandaté à cet effet dans l'organisation : cette option exige une certaine forme de négociation entre l'apprécié et les représentants de l'organisation. Le processus s'harmonise logiquement avec les priorités de développement organisationnel ;

♦ l'apprécié choisit avec le cadre opérationnel ou le supérieur hiérarchique : ce processus se rapproche davantage de la quotidienneté des contributions de l'apprécié. Par ailleurs, la qualité de la relation entre le supérieur hiérarchique et l'apprécié peut intervenir dans le choix des appréciateurs. Une relation trop amicale ou trop tendue peut créer des biais significatifs dans un sens ou dans l'autre.

Quelle que soit l'approche des appréciateurs, la confiance et la bonne foi sont toujours requises et ne peuvent jamais être compensées totalement par un système quel qu'il soit. Il est donc primordial que le programme d'appréciation multisource fasse l'objet d'une évaluation régulière auprès des utilisateurs.

7.5.3. La formation des appréciateurs

La tâche demandée aux appréciateurs implique qu'une formation de qualité leur soit offerte. Une telle formation comprend logiquement les éléments suivants :

♦ la méthode multisource proprement dite ;

♦ les conditions liées à l'objectivité de l'appréciation ;

♦ les outils d'appréciation utilisés.

La formation doit comprendre idéalement des composantes appliquées et prévoir une situation d'apprentissage de style « laboratoire ». Par exemple, des discussions de groupe ou des simulations d'appréciation avec formulaires appropriés sont susceptibles de favoriser une véritable situation d'apprentissage. Les appréciateurs sont plus satisfaits de leur expérience lorsqu'ils ont bénéficié préalablement d'une formation adéquate (Smith, 1986).

7.5.4. L'autoappréciation en contexte multisource

La méthode multisource ne limite pas la participation de l'apprécié dans la formulation de son appréciation. Au contraire, elle l'encourage. La question des écarts entre les scores de l'autoappréciation et ceux obtenus auprès des autres appréciateurs est délicate et il faut tenir compte des différences susceptibles de se produire entre les deux catégories d'appréciation (Yammarino et Atwater, 1997). Deux situations sont possibles : dans la première, l'apprécié se surestime et dans la seconde, il se sous-estime. Une situation de surestimation conduit normalement à un décrochage motivationnel de l'apprécié lorsque les corrections d'usage seront réalisées. Quant à une situation non excessive de sous-estimation, elle révèle la présence d'autocritique chez l'apprécié. Il faudrait éviter de sauter trop rapidement à une conclusion d'ego faible. Par contre, si l'apprécié s'octroie lui-même une faible performance, laquelle est également partagée par les autres appréciateurs, il y aura lieu d'envisager soit un perfectionnement adéquat, soit une réaffectation à un poste correspondant aux intérêts de l'apprécié. Autrement dit, une telle situation ne saurait demeurer inchangée. Finalement, on verra simplement d'un bon œil le cas où l'apprécié s'attribue un score élevé à l'instar des autres appréciateurs.

7.6. UNE ILLUSTRATION D'UN PROGRAMME D'APPRÉCIATION MULTISOURCE

Les informations suivantes s'inspirent du contenu d'un programme d'appréciation multisource utilisé dans une entreprise de transport d'environ 8 000 employés. Ce programme a été en vigueur chez une partie des cadres et professionnels de l'entreprise. Le programme se divise en trois parties : la participation proprement dite à la rétroaction à 360 degrés, l'analyse des résultats de la rétroaction et la préparation du plan de développement individualisé.

7.6.1. La participation à la rétroaction à 360 degrés

Le programme peut établir les caractéristiques de la démarche de rétro-action à 360 degrés de la manière suivante :

- ◆ le programme s'appuie sur un profil de compétences recherchées ;
- ◆ l'exercice cherche à établir des cibles d'amélioration ;
- ◆ l'autoappréciation est valorisée ;
- ◆ des dispositions sont prises quant au traitement confidentiel des informations.

Le bilan porte sur les compétences suivantes : la pensée stratégique, l'innovation, les relations interpersonnelles, l'approche client, le savoir-informer, la connaissance de l'organisation, l'habileté à transférer ses connaissances, l'intégrité, la tolérance à l'ambiguïté, la capacité d'apprentissage, les aptitudes techniques, l'orientation vers l'action et les résultats. L'échelle proposée afin de mesurer le niveau de réalisation de la compétence comprend les cinq niveaux fluctuant d'une « très grande mesure » à une « très faible mesure ».

La sélection des appréciateurs tient compte des balises suivantes : trois à huit clients, trois à huit pairs, trois à huit subalternes, l'apprécié lui-même et le supérieur immédiat. Les appréciateurs sont choisis par les appréciés sur la base suivante : leur crédibilité et le fait d'avoir œuvré de façon significative avec eux. Les appréciateurs doivent être capables de fournir un jugement précis et de l'enrichir par des faits vécus ou des exemples concrets. Les appréciateurs choisis, qui ont accepté de participer à l'opération, sont conviés à une rencontre d'information sur le programme et les outils à utiliser. Le tout est coordonné par un cadre du service des ressources humaines.

Les appréciés sont invités à se préparer à la rétroaction à 360 degrés. Le programme souligne la nécessité pour l'apprécié d'être réceptif au résultat. Afin de permettre d'évaluer leur degré de réceptivité, on pose aux appréciés des questions comme : Qu'attendez-vous de la rétroaction à 360 degrés ? Si vous aviez eu le choix, auriez-vous participé volontairement à une démarche d'appréciation multisource ? Quelle importance accordez-vous à ce que pensent les autres de votre travail ?

7.6.2. L'analyse des résultats de la rétroaction à 360 degrés

Ayant reçu les appréciations dûment remplies, l'apprécié est invité à procéder de la façon suivante : relever ses points forts et ses points à améliorer, se fixer des objectifs d'apprentissage et s'assurer éventuellement d'un rétroaction sur ses progrès. On encourage l'apprécié à tenir compte des appréciations produites à son endroit dans le cadre d'un processus d'amélioration continue.

L'apprécié examine les résultats du processus appréciatif dans un cadre d'ensemble. Il détermine les compétences ou les habiletés qu'il souhaite renforcer ou développer davantage. Par exemple, quelles sont les compétences les plus importantes pour sa carrière ? Il doit nommer, notamment, les points forts qui seront le plus utiles à son développement en précisant comment il compte les utiliser éventuellement.

7.6.3. La préparation du plan de développement individualisé

Le plan de développement individualisé s'appuie sur les résultats des réflexions de l'apprécié et comprend des objectifs, des moyens et des plans d'action. Le développement est envisagé sous l'angle d'un processus d'amélioration continue qu'il convient de réviser et de mettre à jour sur une base régulière. Il peut comprendre notamment de l'auto-apprentissage sous la forme de lectures personnelles ou de participation à des sessions externes de formation.

La rencontre avec le supérieur hiérarchique est incontournable. Elle vise d'abord à discuter des résultats de l'appréciation et à déterminer conjointement les projets prioritaires pour l'avenir. Ayant reçu les attentes de l'apprécié, le supérieur hiérarchique doit transmettre les siennes en retour. Compte tenu du caractère consensuel de la démarche, l'appréciateur et l'apprécié doivent, dans la mesure du possible, conclure une entente quant aux démarches d'amélioration future.

Prendre la mesure de l'appréciation des performances implique de finaliser un jugement en s'assurant de pouvoir expliquer la démarche qui a été suivie de manière concrète et appliquée. Pour ce faire, l'appréciation se réalise à partir d'une échelle préalablement définie, laquelle implique l'utilisation de facteurs de comparaison appelés critères. Essentiellement, il s'agit de déterminer si le niveau des résultats observés correspond à des standards antérieurement établis. Les méthodes de mesure sont variées. Que la méthode choisie soit pondérée ou non pondérée, cotée ou non cotée, elle donne généralement lieu à un formulaire d'appréciation. Mesurer une appréciation des performances, c'est aussi évaluer une dimension donnée, d'après son rapport avec une grandeur de même espèce, prise comme unité de référence.

L'objectif de ce huitième chapitre est d'expliquer la notion de mesure en appréciation des performances et de fournir des moyens susceptibles de favoriser l'objectivité dans le processus appréciatif.

Il existe deux approches fondamentales qui permettent de mesurer les performances, soit l'approche quantitative ou pondérée et l'approche qualitative ou non pondérée.

8.1. L'APPROCHE PONDÉRÉE

Les instruments de mesure basés sur une approche appréciative pondérée sont *a priori* plus objectifs que ceux qui s'appuient sur une approche non pondérée. Cela est dû au fait qu'une approche pondérée implique l'utilisation d'outils; elle oblige, en effet, à construire une échelle qui, par l'intermédiaire de critères, sert à accorder une valeur à des réalisations.

8.1.1. L'échelle de mesure

La juxtaposition d'un critère de performance à une échelle de mesure permet de savoir jusqu'à quel point un apprécié satisfait à un critère donné. À titre d'illustration, la performance de la réceptionniste d'une organisation pourrait être appréciée sur la base de la qualité de l'accueil de la clientèle. Pour ce critère spécifique, on déterminerait trois niveaux de performance :

A ou 5 : **Au-dessus de ce qui a été convenu** : la performance observée dépasse le résultat escompté.

B ou 3 : **Correspond à ce qui a été convenu** : la performance observée est conforme au résultat escompté.

C ou 1 : **Au-dessous de ce qui a été convenu** : la performance observée n'atteint pas le résultat escompté.

Dans l'exemple précité, il s'agissait d'un critère lié à un champ de fonction, soit le service à la clientèle, et l'échelle de cotation servait à comprendre le niveau de performance atteint. Les différents niveaux d'une échelle de mesure sont parfois appelés également des standards de performance. Quelle que soit l'appellation choisie, une échelle de cotation peut compter différents niveaux. Les échelles les plus fréquemment utilisées comptent trois, quatre ou cinq niveaux. Voici un exemple de chacun :

♦ Une échelle à trois niveaux :
  – L'apprécié satisfait aux critères :
    • A ou 3 : dans une grande mesure.
    • B ou 2 : dans une moyenne mesure.
    • C ou 1 : dans une faible mesure.

♦ Une échelle à quatre niveaux : une telle échelle autorise un regroupement selon deux options, soit le groupe des satisfaits représentés par les catégories « A » et « B », et celui des insatisfaits représentés par les catégories « C » et « D ». Le but est d'éliminer un choix de réponse qui valoriserait la tendance centrale :
  - L'apprécié satisfait aux critères :
    • A ou 4 : dans une très grande mesure.
    • B ou 3 : dans une grande mesure.
    • C ou 2 : dans une faible mesure.
    • D ou 1 : dans une très faible mesure.
♦ Une échelle à cinq niveaux :
  - L'apprécié satisfait aux critères :
    • A ou 5 : dans une très grande mesure.
    • B ou 4 : dans une grande mesure.
    • C ou 3 : dans une moyenne mesure.
    • D ou 2 : dans une faible mesure.
    • E ou 1 : dans une très faible mesure.

Il existe une grande variété d'options dans la composition d'une échelle. Dans le cadre d'une démarche administrative de gestion par objectifs, le travail est souvent planifié selon le principe de l'attente signifiée, convenue ou escomptée. Dans cette perspective, voici une façon de formuler l'échelle d'appréciation :

♦ A : 1er degré : performance très au-dessus des attentes convenues.
♦ B : 2e degré : performance au-dessus des attentes convenues.
♦ C : 3e degré : performance au niveau des attentes convenues.
♦ D : 4e degré : performance au-dessous des attentes convenues.
♦ E : 5e degré : performance très en dessous des attentes convenues.

L'idée qu'un appréciateur signifie préalablement ses attentes à un apprécié en vue d'une appréciation éventuelle comporte l'avantage de montrer à l'apprécié la voie de la réussite. Ce faisant, l'appréciateur devrait éviter de présenter le tout sous un angle trop directif. Il s'agit donc d'un processus conduit sous l'angle d'une négociation entre l'appréciateur et l'apprécié.

8.1.2. L'importance relative des critères

Les personnes qui ont la responsabilité de formuler une appréciation ont généralement une compréhension solide des critères utilisés dans la méthode. De bons critères autorisent une appréciation correcte ou livrent à l'apprécié une opinion convenable sur sa contribution pendant une période de référence donnée. En outre, chaque critère révèle une performance variable par rapport à l'ensemble du travail de l'apprécié.

CRITÈRES ET INDICATEURS

Tout critère d'appréciation peut être décomposé en indicateurs. Par exemple, chez un cadre du service des ressources humaines, les indicateurs suivants permettraient de saisir ou de comprendre davantage le critère « recrutement du personnel en pénurie » :

- connaissance des exigences du poste ;
- connaissance de la demande et de l'offre de main-d'œuvre ;
- détermination des conditions à offrir au personnel recruté ;
- connaissance des sources de recrutement ;
- mise en vigueur d'une stratégie de recrutement.

CRITÈRES ET RÉALITÉS DU TRAVAIL

Le choix des critères peut varier d'un poste à l'autre. Les critères de performance doivent correspondre à la réalité d'un groupe donné d'appréciés ou d'un apprécié en particulier. Il est essentiel que chaque critère ait été réfléchi, c'est-à-dire ajusté à la réalité du travail de l'employé (Lévy-Leboyer, 1990). Un critère peut être significatif pour un apprécié et non significatif pour un autre ; par exemple, dans une organisation, tout le monde n'a pas à « recruter du personnel en pénurie ». Chaque poste possède son lot de réalités distinctes dont il faut tenir compte dans le choix des critères d'appréciation.

PONDÉRATION INTERCRITÈRES

L'importance relative des critères les uns par rapport aux autres dépend des critères eux-mêmes et, de manière générale, des composantes de la méthode d'appréciation en place (Lance, Teachout et Donnelly, 1992). Il est généralement opportun d'attribuer une valeur plus importante à certains critères dans l'appréciation finale ; pour ce faire, on procédera à la pondération intercritères, c'est-à-dire qu'on accordera un poids différent aux critères d'une même appréciation. Qu'il s'agisse d'un objectif, d'un champ de fonction ou d'une caractéristique individuelle, la façon la plus courante est d'octroyer des points dits « nets » par rapport à un total de points admissibles dits « points bruts de référence ». Le tableau 12 montre comment des points sont octroyés à différents objectifs.

TABLEAU 12
Illustration de l'importance relative des critères

Facteurs d'appréciation	Points octroyés à l'apprécié (nets)	Points de référence (bruts)
• Augmenter le niveau des ventes de 5%	90	150
• Réduire de 2% les coûts liés à la santé au travail	50	75
• Réévaluer l'approche du « juste à temps »	60	75
Total des points nets octroyés par rapport aux points bruts de référence et score final sur cent (100)	200 (66%)	300 (100%)

Si les critères fluctuent d'un apprécié à l'autre, le même principe s'applique à leur importance respective dans le cadre d'une même appréciation. Il est opportun de tenir compte de l'importance d'un critère en fonction des différentes opérations du travail d'un apprécié. Si une activité donnée représente une large part de travail de l'employé, il est judicieux d'accorder une plus grande importance à l'appréciation de sa performance pour ce critère donné. Par exemple, il pourrait compter pour la moitié de la note totale de l'appréciation. En contrepartie, on pourrait réduire cette proportion dans le cas d'un autre employé qui accomplirait une tâche analogue afin de tenir compte du contexte dans lequel celui-ci réalise son travail. Le but ultime de cette pondération intercritères est d'ajuster le processus d'appréciation des performances aux réalités du travail d'un individu.

Voici une illustration d'une pondération intercritères effectuée en octroyant une valeur en pourcentage à chacun des critères tel qu'en fait foi le tableau 13.

L'exemple précédent donne un total de quatre points sur un total possible de cinq points, ce qui constitue une bonne appréciation malgré le fait que deux critères sur trois ont été notés dans la moyenne, soit le niveau 3. Le résultat traduit l'effet de la pondération des critères les uns par rapport aux autres.

Tableau 13
Pondération d'un critère d'appréciation

Facteurs d'appréciation	Cote initiale obtenue sur 5	Valeur en pourcentage du critère	Cote attribuée (sur un total de 5 points)
• Réduire de «x» milliers de dollars les dépenses courantes.	3	25%	0,75
• Réévaluer la méthode d'inventaire des marchandises.	5	50%	2,50
• Réaliser un sondage sur la satisfaction de la clientèle.	3	25%	0,75
Cote globale sur 5			4

8.1.3. La distribution des résultats

L'écart type et la moyenne de l'ensemble des scores octroyés peuvent se révéler utiles pour établir une distribution des cotes dans un groupe d'individus. Suivant les résultats qui auront été fournis par ces deux moyens statistiques, il sera constaté que la majorité des individus se situent autour d'un point central établi comme étant la moyenne (Balicco, 1997). Les résultats obtenus par la plupart des individus devraient se situer autour de ce point central. Par exemple, la cote «C» pourrait correspondre à la moyenne plus ou moins la moitié d'un écart type, la cote «B» équivaudrait à la valeur de «C» plus un écart type et la cote «A» à la valeur de «C» plus deux écarts types. Le même principe s'appliquerait à l'inverse pour les cotes «D» et «E». En partant d'une liste de scores obtenus par l'ensemble des appréciés, il est alors possible de connaître, en comparant le résultat de chaque individu aux résultats de l'ensemble, lequel doit obtenir la cote «A», «B», «C», «D» ou «E». En clair, dans une telle option, la performance d'un employé est toujours jugée en situant le score qu'il a obtenu par rapport à la moyenne des scores du groupe dont il fait partie. Plusieurs méthodes peuvent donc être utilisées pour donner un sens au pointage. Si la distribution des niveaux a préalablement été déterminée (p. ex.: 5-4-3-2-1), l'écart type peut certes déterminer la marge à respecter pour chaque niveau, quoique cela ne soit pas absolument requis.

L'idée inhérente à ce processus est soit de connaître l'écart de distribution sur une échelle, soit de «normaliser» les résultats obtenus par un groupe d'individus ou de les distribuer selon une courbe dite «normale».

S'il est vrai qu'un groupe donné d'appréciés pourrait offrir une performance au-dessus de la «normale», il est évident que tout le monde ne peut être systématiquement au-dessus des performances attendues. Il y a là une question de jugement qui revient à chaque direction d'entreprise, dans sa stratégie de mobilisation des ressources humaines.

8.2. L'APPROCHE NON PONDÉRÉE

L'approche non pondérée s'applique plutôt à l'appréciation de réalisations plus qualitatives. Elle comprend deux options majeures : l'option cotée et l'option non cotée.

8.2.1. L'option cotée

L'option cotée consiste à formuler une cote et à l'appliquer à des critères préalablement déterminés. C'est essentiellement le même processus que l'approche pondérée mais le résultat final n'est pas chiffré. En outre, aucun poids ne peut être donné aux critères les uns par rapport aux autres. Autrement dit, tous les critères ont implicitement la même importance.

Généralement, la cote « A » correspond au niveau «excellent» et la cote « E » au niveau «insuffisant». Dans ce cas, une gradation des cotes alphabétiques (A, B, C, D ou E) est habituellement établie pour chaque critère d'appréciation. Ensuite, la cote globale est estimée d'une manière approximative, comme le présente le tableau 14.

TABLEAU 14
Illustration de l'approche cotée non pondérée

Critère	Cote
Échelle : A = Excellent B = Très bien C = Moyen D = Faible E = Très faible	
Diminuer le taux de plaintes de la clientèle.	**B**
Réévaluer les procédures d'accueil du personnel.	**D**
Réviser les procédures administratives internes.	**C**
Procéder à l'inauguration d'un nouveau service.	**B**
Cote globale	**C**

La cote globale « C » est ainsi obtenue sur une base déductive à la suite d'un regard sur l'ensemble des cotes spécifiques octroyées. Elle se prête donc à un certain niveau de subjectivité.

8.2.2. L'option non cotée

L'option non cotée est strictement qualitative. Elle consiste à rédiger un texte sur les traits les plus importants de la performance d'un employé au cours d'une période de référence. Dès lors, l'appréciation comporte habituellement trois parties : les forces observées chez l'apprécié, les points sur lesquels sa performance est perfectible et les voies de perfectionnement dans le contexte.

La principale limite de l'option non cotée est certes son manque de précision. Elle se révèle plus utile dans le cadre des initiatives liées au perfectionnement du personnel que pour l'appréciation des performances. Dans un contexte de relation d'aide ou de formation, son importance ne saurait être négligée. Toutefois, s'il s'agit de transmettre une appréciation qui s'appuie sur un processus objectif, l'option non cotée ne peut faire le poids. Néanmoins, elle peut être un précieux outil de développement du potentiel humain dans l'organisation. L'option non cotée implique que la spontanéité de l'appréciateur et celle de l'apprécié ainsi que leur capacité respective d'expression écrite soient relativement développées.

Somme toute, il est préférable de choisir le plus possible une méthode d'appréciation pondérée, puisqu'elle permet d'atteindre une plus grande objectivité et de standardiser les résultats de la performance observée. Par ailleurs, il existe certains avantages à utiliser l'option non cotée, surtout si l'appréciation vise essentiellement le développement individuel. Son principal avantage est de faire appel à un niveau élevé de créativité.

8.3. L'ÉLABORATION DU FORMULAIRE D'APPRÉCIATION

Le formulaire d'appréciation est un outil incontournable du programme d'appréciation. Il importe que les utilisateurs se l'approprient.

8.3.1. Les critères et les réalités du travail

Les critères sont normalement en concordance avec les réalités de travail à apprécier. Il peut s'agir d'éléments liés aux objectifs de travail, aux champs de fonction ou aux caractéristiques individuelles. Le choix peut aussi se limiter à un seul ou à deux des trois éléments précités. Généralement, les critères d'appréciation des performances concernent davantage les champs de fonction et les caractéristiques individuelles. Les objectifs, en tant que critères d'appréciation, sont plutôt réservés aux membres de l'administration dans le cadre d'une politique de gestion par résultats, alors que les champs de fonction et les caractéristiques individuelles peuvent généralement être utilisés pour l'ensemble des catégories d'employés.

8.3.2. La rigueur des critères

Il existe de nombreuses manières d'assurer la rigueur des critères utilisés dans un processus d'appréciation des performances. Quelle que soit l'approche privilégiée, la performance doit être comprise de la même manière par l'ensemble des évaluateurs, afin d'éviter qu'un apprécié se retrouve avec la cote « A » dans un service et un autre apprécié avec la cote « D » dans un service voisin, et cela pour un même niveau de performance.

MOYENS POUR AMÉLIORER LA RIGUEUR DES CRITÈRES

Les moyens susceptibles d'améliorer la rigueur des critères, notamment leur concordance et leur logique interne, sont les suivants :

♦ définir les critères utilisés afin de les évaluer d'une manière précise ;

♦ s'assurer que chaque appréciation produite est réaliste, c'est-à-dire qu'elle tient compte des exigences du travail ;

♦ analyser, au niveau de l'organisation, les différentes cotes octroyées aux appréciés, en les comparant les unes aux autres. Il y aura lieu de réaliser la même démarche avec les réalités du travail qui ont servi d'appui pour formuler l'appréciation.

DÉMARCHE D'AMÉLIORATION DE LA RIGUEUR DES CRITÈRES

La procédure suivante peut améliorer la rigueur des critères. Elle peut être conduite de deux manières :

♦ la première expérience exige la participation de deux évaluateurs. Elle consiste à demander à un évaluateur d'apprécier les performances d'un groupe d'individus. Par la suite, un autre évaluateur effectue le même exercice avec les mêmes individus, en utilisant les mêmes critères, sans toutefois avoir pris connaissance des premières appréciations. On pourra ensuite comparer les résultats obtenus par les deux évaluateurs afin de vérifier l'objectivité et la précision des critères utilisés ;

♦ la seconde expérience consiste à proposer à un évaluateur d'apprécier un groupe d'individus, par exemple, 10 personnes. L'évaluateur remet ensuite les appréciations à une personne qui ne fait pas partie de la hiérarchie concernée, comme un conseiller de la direction des ressources humaines. Cet évaluateur ne conserve pas de copies et ne cherche pas à se souvenir des cotes octroyées. Après l'écoulement d'un délai raisonnable, par exemple une année, le même évaluateur apprécie les mêmes personnes, ce qui devrait faciliter la comparaison des cotes.

Comme la première expérience exige la mobilisation de deux évaluateurs, ces deux individus peuvent avoir une compréhension différente de la définition et du contenu de chacun des critères. Ils pourront donc apprécier différemment les mêmes individus. La seconde expérience permet de contourner ce problème puisque le même évaluateur apprécie la performance des mêmes employés, réduisant ainsi l'écart lié aux problèmes d'interprétation des critères. Par contre, cette approche nécessite une plus longue période de temps. Il convient donc de juger de la pertinence de l'une ou de l'autre de ces approches, et de l'appliquer en fonction des besoins et des possibilités de l'organisation.

Dans le but d'établir des concordances et des relations entre les résultats obtenus au cours du processus d'appréciation, il est possible d'utiliser des méthodes d'analyses statistiques assez poussées ou, plus simplement, d'avoir recours à une appréciation de type qualitatif. Généralement, les analyses statistiques relatives à la mesure de l'appréciation des performances sont disposées sous une forme graphique, ce qui en facilite la lecture et, par voie d'incidence, favorise une meilleure gestion des résultats.

8.3.3. Le questionnaire d'appréciation

La mesure de l'appréciation réfère directement au contenu et à la forme de l'outil de mesure, soit le questionnaire d'appréciation. Elle renvoie également à la construction de l'échelle permettant de dégager un niveau de performance. En fait, le choix de l'échelle utilisée permet d'orienter grandement la structure du questionnaire. Par exemple, une appréciation qualitative nécessitera la conception d'un formulaire nécessairement différent de celui destiné à une appréciation quantitative. Le questionnaire utilise habituellement une échelle afin d'obtenir une mesure générale des performances.

ADAPTABILITÉ DE L'ÉCHELLE NUMÉRIQUE

De façon générale, les degrés décimaux applicables sont gradués d'une manière linéaire (5, 4, 3, 2, 1). Afin d'assurer la flexibilité de l'échelle, certaines méthodes d'appréciation permettent de noter entre les degrés indiqués. Par exemple, un apprécié ayant atteint un résultat au-dessus de la performance attendue, sans avoir atteint le degré « exceptionnel », pourrait se voir décerner un degré de performance allant au-delà du niveau 4 sur 5. L'échelle, tout en étant suffisamment précise, doit fournir aux personnes concernées toute la souplesse nécessaire pour tenir compte des circonstances particulières relativement à la formulation de l'appréciation. Ainsi, une méthode d'appréciation des performances doit rendre accessibles diverses options de notation afin de tenir compte au mieux des fréquentes nuances et subtilités propres au travail diversifié des appréciés concernés. Le tout doit être réalisé en fonction des buts ou des objectifs recherchés. Chaque organisation, chaque service et même chaque individu possède ses réalités propres ou spécifiques.

MESURE GÉNÉRALE

La mesure générale traduit une opinion à l'égard du travail d'un individu pour un temps donné. Il importe de s'assurer que l'apprécié connaîtra les normes de performance à atteindre pour la période visée. C'est à la suite d'une période convenue à l'avance que les critères associés généralement à une échelle de mesure serviront à établir la performance. Le fait que l'appréciateur et l'apprécié conviennent à l'avance d'objectifs, de champs de fonction ou de caractéristiques individuelles, dans une perspective évaluative future, favorise une plus grande implication de l'apprécié dans le processus d'appréciation. C'est là une voie privilégiée pour faire en sorte que ce dernier croie au programme d'appréciation en vigueur. S'il est important pour l'apprécié de jouer un rôle actif dans la formulation de l'appréciation de ses performances, il faut aussi que l'appréciateur garde un certain contrôle sur le processus d'appréciation. Ce dernier conservera donc la possibilité d'adapter l'échelle aux besoins de l'appréciation. Comme on peut le voir, la mesure générale de l'appréciation se situe sur un continuum appréciatif, dans le sens qu'elle représente l'aboutissement d'une démarche organisée.

ILLUSTRATION D'UN FORMULAIRE D'APPRÉCIATION

Le formulaire d'appréciation peut prendre diverses formes dont celle qui est présentée ici. Dans ce cas, l'obtention d'une cote d'appréciation (A, B, C, D, ou E), pour un critère donné, est le résultat d'une pondération octroyée à divers critères sur un total de 100 dans l'appréciation totale (colonne 1). Ensuite, vient le niveau de performance attribué à chacun des critères retenus (colonne 2). Les résultats peuvent aller d'une performance faible équivalant au score 1 à une performance élevée correspondant au score 5 pour chaque critère. Cette relation produit les points nets (colonne 3). Il est opportun de justifier autant que possible les cotes octroyées, en portant une attention particulière aux forces observées et aux suggestions d'amélioration. Le tableau 15 présente une illustration d'un formulaire d'appréciation des performances individuelles.

CONTEXTE DE L'APPRÉCIATION

L'effort de mesure de la performance par un appréciateur peut s'arrêter là. Il est tout de même possible de la pousser plus à fond. En fait, elle peut tenir compte du contexte dans lequel l'employé réalise les tâches à apprécier, le contexte étant alors le degré de difficulté de la réalisation d'un travail. En effet, une opération peut être difficile à accomplir à cause d'éléments contextuels hors du contrôle de l'employé lui-même. Par exemple, pour un gestionnaire, le recrutement de personnel fait partie des tâches normales; par contre, un milieu de travail éloigné des grands centres urbains, une incapacité de l'organisation à payer des salaires élevés ou une pénurie de personnel qualifié peuvent constituer autant de conditions contextuelles qui rendent difficile l'obtention d'un résultat.

Dans le cas d'un contexte défavorable à l'apprécié, une valeur pourrait être ajoutée au pointage pour tenir compte des difficultés. Par ailleurs, si ce contexte est particulièrement favorable ou si l'apprécié a reçu un soutien inhabituel pour satisfaire au critère précité, une valeur pourrait alors être soustraite du pointage. Ainsi, des cotes peuvent être générées pour tenir compte de l'indice de difficulté propre à l'atteinte ou à la non-atteinte de tel ou tel résultat. Toutefois, dans les entreprises, le contexte dans lequel les individus réalisent leur travail étant apprécié d'une manière qualitative, l'utilisation de cotes contextuelles n'est habituellement pas retenue.

La considération du contexte dans lequel se déroule le travail d'un apprécié se justifie par le fait qu'il existe plusieurs façons de mesurer des critères. Par ailleurs, les approches les plus simples semblent les plus efficaces. Il revient donc à chaque organisation de choisir la méthode de mesure selon ses besoins. En clair, le contexte dans lequel se réalise une prestation de travail est toujours intéressant à considérer, mais il peut introduire aussi un élément de sophistication non souhaitable dans le processus appréciatif.

T<small>ABLEAU</small> 15

Formulaire type d'appréciation des performances individuelles

APPRÉCIATION DE LA PERFORMANCE

1. Identification

Nom : _____ Service : _____	
Prénom : _____ Fonction : _____	

2. Motif de l'appréciation et période de référence

Motif de l'appréciation :

Périodique : _____ Mutation : _____ Départ : _____ Autre : précisez _____

Période de référence : De _____ à _____

3. Échelle d'appréciation

Description de la cote
5 = Performance exceptionnelle
4 = Performance au-dessus de la performance attendue
3 = Performance au niveau de la performance attendue
2 = Performance au-dessous de la performance attendue
1 = Performance insuffisante

4. Appréciation des résultats obtenus

Critères (Insérez soit des objectifs préétablis, soit des champs de fonction, soit des caractéristiques situationnelles)	Colonne 1 Pondération des critères (en %)	Colonne 2 Niveau de performance (de 1 à 5)	Colonne 3 Cote numérique nette obtenue
Total des points			

5. Commentaires de l'appréciateur

6. Commentaires de l'apprécié

7. Suivi de l'appréciation (au plan du perfectionnement ou à tout autre plan)

Signatures de l'appréciation

| Appréciateur | Date | Apprécié | Date |

La qualité et la quantité d'éléments à considérer en appréciation de performances peuvent rendre les mesures complexes. Si l'objectivité du processus est essentielle, un outil d'appréciation des performances ne saurait atteindre un niveau de rigueur comparable à une mesure technique ou mécanique. Néanmoins, comme l'appréciation des performances sert généralement de guide à des prises de décisions relativement à la carrière des appréciés, la rigueur des outils utilisés est déterminante dans le succès d'un programme d'appréciation des performances dans l'entreprise (Smith, 1986).

La mesure est un élément central de succès en appréciation de performances. Cette étape détermine largement l'intérêt des utilisateurs à l'égard de l'application du programme d'appréciation. Bien mesurer la performance à l'aide d'un outil approprié implique de répondre adéquatement aux exigences et aux particularités de l'organisation ayant mis en place le programme. La mesure de l'appréciation des performances doit surtout jouer un rôle de mobilisation chez les employés. Pour ce faire, elle doit provenir d'un programme bien établi visant à reconnaître objectivement la performance au sein de l'organisation.

CHAPITRE 9

- CADRE DE RÉFÉRENCE
- CONDITIONS DE SUCCÈS
- ÉTHIQUE
- CRITÈRES
- MÉTHODES
- PERFORMANCES D'ÉQUIPE
- APPRÉCIATION MULTISOURCE
- MESURE
- **GESTION**

La raison d'être de l'appréciation des performances, en plus de contribuer au développement des individus et de l'organisation, est certes de servir d'appui à un ensemble de décisions administratives. Une fois appréciée, la performance doit être reconnue. L'enjeu principal en est un de reconnaissance des contributions tant des individus que des équipes qui composent l'organisation. La réalisation d'un tel enjeu implique de procéder selon deux approches fondamentales, l'une dite d'exceptions et l'autre dite globale. Quelle que soit l'approche de reconnaissance privilégiée, l'objectif recherché est de produire une gestion systémique de la performance dont le succès commande la réunion d'un certain nombre de conditions. Ainsi, un programme d'appréciation se traduit par des stratégies concrètes de reconnaissance des contributions professionnelles ; ces stratégies peuvent prendre diverses formes, qu'elles soient monétaires ou non monétaires, individuelles ou collectives. Globalement, la gestion de la performance au travail est liée à la notion de reconnaissance.

L'objectif de ce dernier chapitre est de cerner les balises et les composantes propres à une saine gestion des résultats de l'appréciation des performances dans une entreprise.

9.1. UN ENJEU STRATÉGIQUE DE RECONNAISSANCE

Les décisions courantes de gestion tirent leur véritable légitimité des performances des individus et des équipes de travail. Gestion des carrières ou rémunération flexible, voilà autant de décisions qui exigent de la compétence pour être prises. Par exemple, les décisions relatives aux promotions et à la rémunération sont prises, d'une manière ou d'une autre, sur la base des performances passées des employés concernés. L'appréciation des performances peut aussi contribuer grandement à la motivation au travail ainsi qu'à l'étude des besoins de perfectionnement des ressources humaines. C'est à tout cela que sert l'appréciation des performances. Par conséquent, les résultats des appréciations des employés doivent recevoir la plus grande attention.

CRÉER UNE DYNAMIQUE DE RECONNAISSANCE

Les organisations font face à plusieurs difficultés lorsqu'il s'agit de recourir à des stratégies de reconnaissance de la performance, que ce soit par l'entremise de la rémunération variable ou autrement. Ces difficultés résident dans le fait que l'organisation doit non seulement attirer du personnel compétent mais également assurer sa stabilité (Pfeffer, 1994). Les stratégies de reconnaissance de la performance, qui se répercutent sur la performance organisationnelle, doivent être gérées habilement pour produire les meilleurs résultats (Becker et Huselid, 1998). Un programme d'appréciation des performances ne peut donner de résultats tangibles s'il ne crée pas une dynamique de reconnaissance dans l'organisation. Cette dynamique concerne trois entités indissociables : l'entreprise, l'équipe et l'individu.

La gestion de la performance devient de plus en plus un enjeu stratégique des organisations. Plusieurs facteurs militent en ce sens (Gosselin et Saint-Onge, 1998) :

- ♦ le nouveau contexte économique auquel les entreprises sont confrontées remet en cause les assises traditionnelles de la performance au travail ;
- ♦ la participation des employés aux stratégies d'affaires constitue un atout compétitif majeur de performance organisationnelle ;

♦ pour diverses raisons, la performance au travail représente un des déterminants de succès gérés avec difficultés par les dirigeants des organisations.

Les conséquences de l'appréciation fluctuent selon qu'elle est ou non utilisée à des fins monétaires. S'il s'agit de récompenser une performance, monétairement ou autrement, la façon dont on le fait est aussi importante que ce que l'on donne en fin de processus. Tout employé a besoin d'être gratifié.

La présence des systèmes de rémunération variable ou basée sur la compétence augmente dans les entreprises (Lawler, Ledford et Chang, 1993). Plusieurs motifs favorisent la montée de tels systèmes. D'abord, les organisations évoluent dans un climat externe de compétition qui incitent à appuyer la rémunération sur la performance. L'accès à des programmes rigoureux d'appréciation est donc essentiel, car toute entreprise conçoit implicitement que le travail est à la fois un facteur d'accomplissement et de productivité organisationnelle.

Une organisation est naturellement à la recherche d'un système de marques d'attention descendant du haut vers le bas de la structure administrative. Dans ce contexte, le système de gestion de la performance est directement rattaché au potentiel de mobilisation des membres de l'organisation. L'organisation étant un lieu organisé, elle se prête à l'insertion de mécanismes stables de reconnaissance de la performance susceptibles de produire une telle mobilisation. Le travail ne peut mobiliser si les résultats obtenus par chaque membre de l'organisation ne sont pas communiqués. À cet égard, l'appréciation de la performance joue un rôle transversal important.

MODE DE RECONNAISSANCE ET MOBILISATION

L'appréciation des performances peut amener à recourir à des modes diversifiés de reconnaissance spécialement en contexte de grande entreprise. Plus les actions visant à reconnaître la performance seront variées, pour un milieu donné, plus la clientèle visée sera motivée et satisfaite. Dans le même sens, plus la proportion d'individus satisfaisant des exigences élevées ou atteignant des objectifs difficiles sera élevée, plus il faudra se doter, comme direction, de méthodes variées de reconnaissance de la performance. Pour qu'une organisation soit gagnante par rapport aux autres entreprises de son environnement, il faut d'abord que ses ressources humaines se perçoivent comme gagnantes. Ce qui précède s'applique quel que soit le régime de récompenses issu de l'application du programme d'appréciation. Qu'elles soient ou non monétaires, les récompenses octroyées peuvent viser spécifiquement des individus ou des groupes.

9.2. LES GROUPES VISÉS PAR L'APPRÉCIATION DES PERFORMANCES

Un administrateur se retrouve devant trois principaux choix au plan de la classification des niveaux de performance. Il doit considérer que les employés sont globalement excellents, performants ou sous-performants. Dans les faits, une minorité d'employés se retrouvent dans les groupes formés d'individus ayant démontré une contribution excellente ou sous-performante. Comme ces deux groupes concernent une minorité d'employés, les autres, c'est-à-dire la majorité silencieuse, sont donc considérés comme fournissant une prestation de travail performante. Ils ne sont ni excellents, ni sous-performants. Ils sont simplement de bons employés.

La proportion d'employés excellents et sous-performants serait globalement équivalente à 5 % ou 10 % d'une entreprise à l'autre, quel que soit le secteur industriel en cause (Boyett et Conn, 1988). Par conséquent, 80 % à 90 % des employés aurait une performance compétente ou normale. Traditionnellement, la minorité d'employés dont les performances sont excellentes ou sous-performantes reçoivent une attention soutenue. Cette conduite est à repenser. Le véritable défi réside plutôt dans le fait que les directions d'entreprises sont enclines à ne pas porter suffisamment attention à la grande majorité des employés qui fournissent une performance correcte sans être pour autant des individus excellents ou sous-performants.

Les énergies sont souvent investies dans une perspective d'exception, soit dans la correction de la sous-performance et le soutien à l'excellence. Il n'est donc pas étonnant que la plupart des employés soient plutôt méfiants quant aux résultats attendus des programmes d'appréciation (Lefèvre, 1993). Curieusement, l'idée de reconnaître les performances vient davantage d'approches liées à la gestion participative ou aux normes internationales de qualité totale. Il s'agit alors de découvrir de nouveaux créneaux de performance auxquels est attaché un objectif de flexibilité accrue de la rémunération (Davis, 1993). Dans ce contexte, la majorité des employés, soit ceux dont la performance n'est ni excellente ni faible, sont trop facilement oubliés.

9.3. LES APPROCHES DE GESTION DE LA PERFORMANCE

La gestion de la performance est généralement réalisée dans le cadre de deux approches distinctes, soit l'approche par exceptions et l'approche globale.

L'APPROCHE PAR EXCEPTIONS

L'approche par exceptions consiste à reconnaître occasionnellement ou exceptionnellement les performances. Elle se justifie en invoquant que les opérations d'appréciation des performances exigent trop de temps et que, par conséquent, il vaut mieux reconnaître les performances sur une base occasionnelle, par exemple lors d'une période de probation ou lors d'une promotion. Des situations particulières permettront de dégager l'excellence ou la sous-performance sans que le processus ne soit formellement intégré à un programme spécifique de reconnaissance. Les dirigeants d'entreprise sont, de manière générale, peu enclins à généraliser une approche de type reconnaissance-récompenses parce qu'ils ne sont pas suffisamment conscients de ses conséquences positives ou de son potentiel à long terme (Saint-Onge, 1998). L'approche par exceptions se révèle ainsi justifiée par les exigences du travail quotidien qui laisse peu de temps à une gestion globale de la performance.

L'APPROCHE GLOBALE

L'approche globale vise l'ensemble des ressources humaines de l'organisation. L'appréciation se réalise sur une base à la fois ponctuelle et périodique. *A priori*, personne n'y échappe, du président de l'entreprise jusqu'à l'employé nouvellement embauché. L'approche globale, contrairement à l'approche d'exception, assume la prise en charge des employés dont les performances sont simplement considérées comme se situant dans la moyenne. Elle s'infère du principe que tout employé possède un légitime besoin de rétroaction sur son travail quelle que soit sa performance. Le défi de l'approche globale est de faire en sorte que tout employé puisse recevoir une forme tangible de reconnaissance dont l'importance fluctue en fonction des niveaux de reconnaissance. Toutefois, l'approche globale exige plus de temps et d'énergie que l'approche d'exceptions.

L'adoption d'une stratégie globale de reconnaissance a des conséquences tangibles sur la politique de rémunération. Cette dernière répond alors à de nouvelles caractéristiques. Un tel changement commande une modification de l'approche de rémunération traditionnelle, comme en fait foi le tableau 16 (Gomez-Mejia et Welbourne, 1988).

9.4. LA GESTION SYSTÉMIQUE DE LA PERFORMANCE

La performance peut faire l'objet d'une gestion systémique comme tout autre défi de l'organisation. Toutefois, en pratique, sa reconnaissance et son contrôle constituent le parent pauvre des champs de la gestion. C'est en effet en matière de gestion de la performance que les écarts entre les intentions et l'agir demeurent les plus élevés (Lefèvre, 1993). En fait, les entreprises déclarent généralement qu'elles ont des difficultés à obtenir la performance souhaitée chez leurs employés, et leurs dirigeants admettent simultanément ne pas y accorder toute l'attention requise dans les circonstances (Csoka, 1994). Curieusement, une proportion importante de dirigeants utilise le programme d'appréciation des performances non pas pour reconnaître les performances moyenne et élevée mais plutôt pour réduire ou éliminer la sous-performance. L'appréciation des performances ne peut être stratégique si elle n'est pas d'un usage systémique.

TABLEAU 16

Liste des caractéristiques traditionnelles et nouvelles de rémunération

Caractéristiques traditionnelles	Caractéristiques nouvelles
• Une rémunération centrée sur l'exercice de l'emploi	• Une rémunération centrée sur la compétence
• L'équité interne	• L'équité externe
• La hiérarchie	• La collégialité
• L'ancienneté	• La valeur ajoutée
• Le résultat individuel	• Le résultat collectif
• Le court terme	• Le long terme
• L'évitement des risques	• La prise de risques
• Une politique salariale conforme aux milieux comparables	• Une politique de leader dans un groupe de référence
• Un salaire fixe	• Un salaire variable
• Une décision centralisée	• Une décision décentralisée
• Une rémunération secrète	• Une rémunération ouverte
• La non-participation des ressources humaines	• La participation des ressources humaines
• Une gestion bureaucratique de la rémunération	• Une gestion flexible de la rémunération

ATELIER DE RÉTROACTION

L'atelier de rétroaction consiste à informer les personnes concernées sur les résultats ou les leçons à tirer d'une opération d'appréciation. Il peut débuter par une discussion franche sur les objectifs et les composantes essentielles de la méthode d'appréciation choisie et, surtout, sur l'usage prévu des informations recueillies dans l'entreprise. Ce processus de type rétroaction nécessite *a priori* l'intervention d'une personne qui adopte un rôle d'accompagnement ou de facilitateur (Fleenor, McCauley et Brutus, 1996). L'atelier de rétroaction est essentiellement une activité visant à fouetter les énergies. Il ne saurait en aucune manière être l'occasion de tenir des débats sur la performance des uns et des autres. Bien conduite, l'activité de rétroaction peut contribuer grandement à la motivation non seulement des individus mais aussi des équipes de travail. Elle peut ainsi développer valablement, chez chacun des membres des équipes concernées, le goût de poursuivre leurs efforts en vue d'assurer le dynamisme et la vitalité de l'organisation.

APPRÉCIATION ET SOUS-PERFORMANCE

Les employés dont la performance est problématique, c'est-à-dire dont le niveau se situe en deçà de la sous-performance, représentent un problème qui dépasse les cadres de l'appréciation des performances. La non-performance constitue plutôt un cas de non-respect des normes minimales de performances, qui doit être assumé en tenant compte des réalités légales d'usage. L'appréciation des performances est certes en mesure de déceler les employés sous-performants, mais son rôle n'est pas de servir de justification à des décisions punitives prises par l'employeur contre les employés. Autrement dit, un programme d'appréciation des performances n'est pas conçu pour monter une preuve dans le but de contraindre l'employé à quitter l'entreprise. Cela dépasse le domaine de l'appréciation des performances.

9.5. UNE GESTION ÉQUITABLE DU PROGRAMME D'APPRÉCIATION

Un programme équitable d'appréciation implique que le gestionnaire concerné soit intéressé à respecter les droits de chacun. En outre, il est requis que les décisions prises ou à prendre, en matière d'appréciation, soient adéquatement motivées. En d'autres termes, l'employé doit comprendre exactement ce qui lui arrive lorsque sa performance est appréciée.

ÉQUITÉ PROCÉDURALE

Entendre les opinions des salariés et expliquer clairement les motifs à la base des décisions prises sont deux processus juxtaposés susceptibles de rendre le programme d'appréciation des performances équitable. L'équité postule que l'apprécié puisse faire valoir ses idées sans contrainte et que celles-ci soient entendues. Elle peut être évaluée à l'aide des critères suivants :

- ♦ elle est appliquée de manière analogue à tous les individus concernés ;
- ♦ elle est adéquatement publicisée auprès de la clientèle visée ;
- ♦ en plus d'être réputée connue, elle présente une raison d'être explicable.

Le concept d'équité prend tout son sens lorsque la prise de décision conséquente à l'appréciation des performances peut affecter la rémunération ou la carrière d'un individu. Un employeur prudent doit en conséquence prendre ses décisions de gestion des ressources humaines en s'assurant que les personnes concernées soient entendues convenablement.

CONCEPT DE JUSTICE NATURELLE

Les actes administratifs posés, en matière d'appréciation des performances, peuvent avoir des conséquences non seulement sur le travail présent de l'employé mais aussi sur sa carrière. Lors du processus appréciatif, le supérieur hiérarchique et l'apprécié doivent pouvoir s'exprimer librement. Ainsi, l'appréciation des performances ne saurait être un processus unilatéral, sans recours ou sans négociation, allant strictement de l'appréciateur à l'apprécié. L'obligation d'agir selon des règles de justice naturelle doit être présente, surtout en contexte d'appréciation participative. Un véritable dialogue doit s'établir dans un climat de justice.

CONCEPTS D'ÉQUITÉ ET D'OBJECTIVITÉ

Les concepts d'équité et d'objectivité sont étroitement associés. Il s'agit alors de la justice distributive qui se dégage de l'existence du programme d'appréciation des performances dans l'entreprise. L'équité requiert donc que le processus appréciatif comporte des normes mesurables de performance liées au travail et que ces normes soient appliquées de la même manière à tous les appréciés. Dans ce contexte, il sera plus facile d'apprécier valablement dans quelle mesure un employé a satisfait ou non aux exigences convenues, et d'illustrer clairement la présence ou non de performances. Par conséquent, l'équité implique préalablement que les critères utilisés et la démarche proposée par le programme d'appréciation soient empreints d'objectivité.

9.6. L'OPTIMISATION DES RÉSULTATS DU PROGRAMME

Les conditions susceptibles d'optimiser les résultats de l'appréciation des performances sont essentiellement les suivantes :

♦ faire connaître les résultats de l'appréciation des performances. Cela impose de se doter d'une approche à la fois collective et individualisée pour gérer les récompenses en application du programme. D'une manière générale, les récompenses individuelles comme les primes monétaires devraient être gérées sur une base individualisée. Par ailleurs, ce qui regarde un département ou plusieurs individus, par exemple les prix du meilleur projet, de la productivité, de la qualité ou de l'intrapreneuriat pourrait être publicisé;

◆ dynamiser les conséquences de l'appréciation des performances par l'intermédiaire d'une stratégie de communications internes ou externes, formelles ou informelles. Les résultats de l'appréciation des performances devraient être récupérés afin d'améliorer le système de gestion de l'organisation;

◆ réévaluer régulièrement les résultats du programme d'appréciation des performances. Une valorisation constante des ressources humaines postule de vérifier si le programme mis en place permet d'obtenir les résultats escomptés. Lorsque ce n'est plus le cas, il faut apporter des changements au contenu du système de récompenses sinon au programme d'appréciation lui-même. L'entrevue ou le sondage interne sont des moyens susceptibles de mesurer l'impact d'un programme d'appréciation des performances et de déterminer s'il répond toujours à ses objectifs initiaux;

◆ utiliser l'appréciation des performances à des fins concrètes. Les utilisateurs doivent percevoir les résultats concrets de cette activité appréciative. Par exemple, l'appréciation des performances doit être liée à la politique promotionnelle de l'organisation.

9.7. LES RÉCOMPENSES MONÉTAIRES

La rémunération variable est un élément clé des stratégies de rémunération en application d'un programme d'appréciation des performances.

9.7.1. Les récompenses monétaires et le travail en équipe

L'organisation du travail détermine les diverses formes de rémunération en usage. Si l'entreprise fait largement appel au travail d'équipe, ses pratiques de rémunération en tiennent normalement compte. Par exemple, la politique de rémunération des équipes de travail peut encourager la coopération. Le travail en équipe exige davantage de compétence relationnelle des employés et la présence d'incitatifs collectifs de rémunération peut influencer sa réussite (Flannery, Hofrichter et Platten, 1996).

RÉCOMPENSES INDIVIDUELLES OU D'ÉQUIPE

Le travail en équipe milite en faveur d'une pratique de rémunération d'une part plus décentralisée et d'autre part plus limpide, à cause précisément du partage d'informations qui est à la base de ce mode d'organisation du travail. Se pose alors le problème de différencier la performance individuelle de la performance de groupe. Le degré d'interaction entre les tâches de chaque membre de l'équipe détermine la politique de rémunération. Le versement de primes individuelles de performance peut refléter certaines lacunes dans le travail d'équipe. En effet, il serait paradoxal de placer le travail d'équipe au rang des valeurs dominantes de l'entreprise tout en favorisant l'individualisme au plan de la politique de rémunération. Par conséquent, en présence de tâches d'équipe liées et interdépendantes, il est préférable d'opter pour le versement de primes collectives fondées sur la performance de l'ensemble des membres de l'équipe (Wageman et Baker, 1997). En outre, cette approche favorise l'autodiscipline de l'équipe en matière appréciative.

9.7.2. Les théories explicatives de la rémunération variable

La rémunération variable induit l'idée de résultat et comprend des éléments objectifs et perceptuels. La perception des individus à l'égard de la notion de valeur ajoutée, juxtaposée au concept de niveau de performance, est déterminante dans la gestion de la rémunération variable. Diverses théories ont été élaborées en matière de rémunération et plusieurs options s'offrent à une organisation en cette matière (Côté et Boutet, 1996) :

- ♦ la reconnaissance de la performance individuelle sur une base exceptionnelle ;
- ♦ la maximisation concomitante des revenus des employés et de l'organisation ;
- ♦ la valorisation de la rémunération comme levier d'actualisation des besoins d'accomplissement et d'estime des employés ;
- ♦ l'utilisation de la rémunération comme moyen de motivation des ressources humaines ;
- ♦ le recours à la rémunération afin de renforcer la planification du travail sous la forme d'attentes transmises au personnel en début de cycle appréciatif. Dans ce contexte, la rémunération sert à récompenser des comportements attendus ;
- ♦ l'utilisation de la rémunération variable afin de régler des problèmes d'équité interne et, par conséquent, d'établir une justice distributive dans l'organisation.

Une théorie de rémunération possède un fondement, lequel implique des stratégies spécifiques. Celles-ci sont présentées au tableau 17 (Lalonde et Lamarre, 2000).

Tableau 17
Théories et fondements de la rémunération

Théories	Justification	Lien avec la rémunération variable
Théorie de l'homme économique	L'homme cherche à maximiser ses revenus.	La rémunération variable permet de reconnaître la performance des individus en accordant une meilleure rémunération aux plus performants.
Théorie de la divergence d'intérêts	Résoudre le conflit d'intérêts entre l'employé (agent) et l'employeur (principal).	La rémunération variable peut réduire cette divergence d'intérêts en maximisant les revenus de l'organisation tout en maximisant ceux des employés.
Théorie des besoins	Chaque individu est motivé par la satisfaction des besoins de différents niveaux.	La rémunération variable peut contribuer à combler certains besoins, entre autres de reconnaissance et d'estime de soi.
Théorie des mobiles valorisants	La motivation provient d'éléments intrinsèques tels que l'autonomie et les possibilités d'accomplissement.	La rémunération variable peut être un facteur de motivation par le rôle symbolique qu'elle détient.
Théorie des attentes	Pour être motivé, l'individu doit percevoir un lien entre ses efforts et sa performance, de même qu'entre sa performance et ses récompenses.	La rémunération variable traduit ce lien entre l'effort et la performance.
Théorie du conditionnement opérant	Un comportement récompensé sera répété. Un comportement non récompensé ne sera pas répété.	La rémunération variable est un mode de régulation sociale dans l'organisation.
Théorie des objectifs ou des résultats	La fixation d'objectifs difficiles mais atteignables et les possibilités de rétroaction sur la performance augmentent la motivation à atteindre les objectifs.	La rémunération variable est la conséquence d'une gestion par objectifs.
Théorie de la gestion participative	Pour obtenir une performance optimale, les organisations doivent fournir aux employés : 1) la connaissance nécessaire pour remplir les conditions de l'emploi ; 2) des opportunités de communication bidirectionnelles ; 3) un pouvoir décisionnel ; 4) des reconnaissances monétaires liées aux résultats.	La rémunération variable est une des composantes de l'atteinte d'une performance organisationnelle optimale.

TABLEAU 17 (*suite*)
Théories et fondements de la rémunération

Théories	Justification	Lien avec la rémunération variable
Théorie de l'équité	Les individus doivent percevoir une équité entre leurs contributions et leurs rétributions, ainsi qu'en comparaison avec les autres. Les individus peuvent donc jouer sur leurs contributions pour rétablir une iniquité perçue.	La rémunération variable est un moyen qui peut réduire ou accroître l'équité perçue.

9.7.3. Les formules de reconnaissance monétaire

Les formules monétaires de reconnaissance sont relativement diversifiées. Chacune d'elles possède sa propre raison d'être. En voici une illustration :

♦ le marché des options offre aux participants la possibilité d'acheter des actions de l'entreprise à un prix déterminé à l'avance à l'intérieur d'une période de temps donné ;

♦ l'attribution d'actions permet aux employés de bénéficier d'un stock prédéterminé d'actions. Celles-ci sont placées à la disposition des membres du personnel ;

♦ la participation aux profits représente un programme relativement répandu. Les participants reçoivent une partie des profits de l'entreprise en fonction d'une formule de distribution ;

♦ le partage des gains à la productivité autorise les employés à recevoir une rétribution en surplus de la paie régulière pour des gains à la productivité atteints par une unité ou un groupe de travail. Il s'agit donc d'une formule profondément axée sur un concept de valeur ajoutée ;

♦ la prime monétaire est habituellement versée sur une base discrétionnaire. Elle s'applique généralement à la fin d'une période déterminée, par exemple, à la fin de chaque année. Cette récompense est fonction du degré de réalisation des objectifs individuels déterminés ou négociés. La gratification monétaire peut comprendre des primes versées dans le cadre d'un programme de reconnaissance des suggestions ;

♦ le remboursement de dépenses professionnelles est fonction de la législation en vigueur. Sa gestion ne doit pas constituer une forme d'évasion fiscale. L'employé obtient alors le remboursement de dépenses professionnelles jugées nécessaires dans l'accomplissement de son travail ou le déroulement de sa carrière. Par exemple, il peut s'agir d'achats de logiciels ou d'équipement informatique. La dépense remboursée doit être pertinente à l'exercice légitime de la fonction;

♦ le remboursement d'activités de perfectionnement permet à l'employé de réclamer et d'obtenir un congé de ressourcement avec solde complète ou partielle afin de participer à des colloques internationaux ou des sessions d'études dans des organismes éducatifs reconnus. Cela peut aussi inclure le remboursement de frais de scolarité, de résidence et de déplacement relatifs aux études;

♦ l'octroi d'avantages matériels peut se traduire de diverses manières. Parmi les pratiques les plus courantes, on compte les octrois à des fins de voyages professionnels ou en cadeaux comme des montres ou des œuvres d'art, à la suite d'une expérience probante dans l'entreprise. Il existe aussi des formules permettant aux employés de se procurer les biens produits par l'entreprise gratuitement ou à prix réduit, et des programmes de remises de points qui permettent au personnel de se procurer des biens divers. Certaines entreprises donnent parfois accès à des camps de vacances aux employés et à leur famille. Quant à l'automobile de fonction, elle revêt un caractère traditionnel mais constitue néanmoins un avantage intéressant.

En fait, les avantages matériels, externes au site de travail, susceptibles d'être accordés aux employés sont fort variés. Il serait donc laborieux d'en faire ici une énumération exhaustive. En principe, l'entreprise privée a accès à l'ensemble des types de récompenses monétaires précitées. Pour sa part, une entreprise publique possède une autonomie plus limitée qu'une entreprise privée dans le domaine de la reconnaissance monétaire de la performance.

9.8. LES RÉCOMPENSES NON MONÉTAIRES

Les récompenses non monétaires admissibles dans un lieu de travail sont liées autant à la tradition qu'aux buts du système de reconnaissance de la performance en vigueur. Les observations et les besoins exprimés dans le cadre du programme d'appréciation des performances servent à établir des réalités, des priorités ou des situations à récompenser. À cet égard, la vision de la direction face à l'avenir de l'organisation autant que les valeurs qu'on entend mettre en avant peuvent se révéler utiles dans l'élaboration et la mise en vigueur d'un système de récompenses non monétaires.

Les façons les plus répandues de reconnaître tangiblement les performances sur une base non monétaire sont la communication directe, les attitudes de soutien, les symboles de reconnaissance, les avantages extra-salariaux et l'activité intégrative périodique (Saint-Onge, 1998).

♦ la communication directe peut être soit verbale ou non verbale. La communication verbale comprend des félicitations ou des remarques d'encouragement lors de rencontres individuelles ou lors de réunions d'équipe. La communication non verbale prend la forme de messages écrits ou électroniques. La gestuelle est également importante, qu'il s'agisse de poignées de main, d'attitudes empathiques ou de simples sourires ;

♦ les attitudes de soutien consistent à aider concrètement l'apprécié afin qu'il maintienne et développe des niveaux élevés de performance. La rétroaction, l'accompagnement, le parrainage ou le mentorat sont des éléments clés du comportement organisationnel de soutien ;

♦ les symboles de reconnaissance sont très variés. Il s'agit généralement de remises de trophées ou de certificats de mérite. Les activités sociales comme les cérémonies de réalisation de projets ou les galas d'excellence constituent des moments stratégiques pour actualiser une telle reconnaissance ;

♦ Les avantages extrasalariaux concerne des cadeaux sous diverses formes, des voyages, des allocations à des fins sociales comme des bons de repas dans les restaurants ou de résidence hôtelière.

♦ L'activité intégrative périodique est une action conduite par la direction à un moment préalablement fixé dans l'année en vue d'accroître le sentiment d'appartenance de tous les employés à l'organisation. Elle peut prendre l'allure d'une semaine de l'employé ou de l'entreprise avec programme d'activités où la reconnaissance du mérite de l'individu, de l'équipe ou de l'organisation. Sur un autre plan, les concours interéquipes ont comme fonction de créer une compétition amicale entre les équipes de travail en les faisant concourir dans le cadre de projets qui peuvent prendre diverses formes allant de l'organisation d'une activité en vue de souligner les trente années d'existence de l'entreprise à la célébration de la signature d'un contrat important.

9.9. LES CONDITIONS D'EXERCICE DU TRAVAIL ET LA RECONNAISSANCE

Les conditions d'exercice du travail représentent un vaste domaine permettant de reconnaître les performances. Certains octrois de congés visent à réduire l'écart entre les exigences du travail et celles de la famille. Ils permettent de recréer un équilibre entre le travail et la famille. L'organisation du travail est un secteur majeur de reconnaissance de la performance par la pratique de la gestion participative qui met en priorité des programmes tels que des cercles de qualité, des groupes de travail semi-autonomes ou des équipes de travail autogérées.

9.9.1. Récompenses et priorités organisationnelles

Une organisation peut ajuster les éléments de son système de récompenses à des priorités circonstancielles liées à des domaines tels que l'informatisation, la confidentialité, la gestion des conflits, le perfectionnement des ressources humaines ou les projets de développement. Cela se réalise de diverses manières, selon les priorités organisationnelles. S'il faut, par exemple, élaborer de nouveaux produits, la reconnaissance tangible des contributions des cercles de qualité pourrait être prioritaire. En principe, il existe autant de façons de souligner et d'encourager la performance qu'il y a d'individus à récompenser. Plus les employés percevront un lien marqué entre leur rôle et les priorités de l'organisation, mieux ils accepteront les appréciations de performances formulées à leur endroit.

Le choix des personnes dont la performance fera l'objet d'une reconnaissance formelle spécifique peut être réalisé par un comité constitué à cette fin. Il faut préalablement recueillir les informations selon les intentions de reconnaissance des performances planifiées. La méthode habituellement privilégiée est de remettre des reconnaissances officielles de performances lors de circonstances particulières ou tout au moins par l'envoi aux intéressés d'un communiqué officiel dont la teneur est habituellement accessible aux autres membres de l'organisation.

La gestion du système d'appréciation des performances est un élément essentiel du sentiment d'appartenance à l'organisation. Un tel système est normalement accompagné d'un processus de reconnaissance des apports de chacun des individus à l'atteinte de la mission de l'organisation. Aussi, peu importe la forme que prend cette reconnaissance, l'essentiel, c'est qu'elle amène à une valorisation de la performance d'une proportion optimale d'employés afin de favoriser une attitude gagnante au sein du personnel, avec toutes les conséquences positives qu'une telle attitude peut avoir pour l'avenir de l'entreprise. *A contrario*, toute gestion inappropriée de la performance est susceptible de réduire le potentiel de développement et de vitalité de l'organisation.

■ CONCLUSION

L'appréciation des performances constitue un aspect fondamental des réalités des organisations et des individus qui en font partie. Il faut donc que le programme d'appréciation soit conçu de façon à soutenir les membres du personnel dans l'accomplissement de leurs responsabilités. Un programme d'appréciation soulève suffisamment de questions sensibles pour ne pas être laissé au hasard. Il est donc opportun que l'entreprise s'en préoccupe.

Essentiellement, un programme d'appréciation des performances se conçoit en fonction des besoins des appréciés et de l'entreprise. Il prend ainsi en compte la culture organisationnelle dans laquelle il est inséré. Maintien de l'organisation dans sa mission et soutien des employés dans leur recherche d'excellence, voilà deux motifs fondamentaux de mise en vigueur d'un programme d'appréciation des performances.

Les conditions de réussite d'un programme d'appréciation concernent à la fois l'organisation, ses équipes internes et les employés. Ce sont cependant les besoins de la clientèle de l'entreprise qui doivent représenter le guide ultime d'action, sinon la notion de performance risque d'être biaisée. De là toute la difficulté d'apprécier les performances individuelles ou d'équipe sans avoir défini exactement la performance, et spécialement sans considération suffisante à l'égard de ceux à qui la production des unités de base est destinée. Ce devoir productif est normalement évoqué dans la culture organisationnelle.

L'appréciation des performances fait appel, à juste titre, à l'éthique déontologique, car elle s'infère d'une logique de justice distributive. En effet, elle distribue en quelque sorte les résultats perçus du travail de chaque membre de l'entreprise. Pour chacun d'eux, les conséquences d'une appréciation irréfléchie peuvent être très graves en ce qui a trait à leur carrière. L'appréciation des performances doit donc être épurée de tout critère occulte ayant comme fin de formuler un jugement non conforme aux réalités.

L'appréciation des performances doit faire l'objet d'une réévaluation en recourant davantage à l'éthique et à l'objectivité. En outre, elle doit cerner davantage l'idée de résultats tangibles sans exclure la question sensible des attitudes individuelles ou d'équipe dans l'accomplissement du travail. La nouvelle dynamique des organisations, où le client exerce un rôle décisif, invite à accorder plus d'importance aux résultats des équipes de travail et à faire une meilleure place aux appréciations multisources. Il est d'ailleurs à prévoir que des voies intermédiaires d'intervention trouveront leur place entre les modes d'appréciation unisource et multisource.

Des investissements plus signifiants seront probablement réalisés spécialement dans le choix des critères et la mesure des résultats. Cependant, à cause des limites méthodologiques existantes, la notion de performance n'implique pas de comparer systématiquement les appréciés entre eux. L'apprécié peut donc être comparé à lui-même en considérant son évolution d'une période à l'autre. En outre, l'appréciation d'équipe est susceptible de compléter valablement l'appréciation individuelle en offrant de nouvelles perspectives de résultats. D'ailleurs, l'intégration des performances des individus, des équipes et de l'organisation en un tout cohérent constitue un élément essentiel de la réussite d'un programme d'appréciation des performances. Finalement, malgré ses limites intrinsèques, l'appréciation des performances peut constituer un outil puissant de mobilisation des ressources humaines, peu importe que ses sources, c'est-à-dire les appréciateurs, soient uniques ou multiples ou que les personnes qu'elle vise, c'est-à-dire les appréciés, soient des individus ou des équipes de travail.

■ ANNEXE
LISTE DE CRITÈRES
AVEC LEURS INDICATEURS

Les caractéristiques individuelles suivantes représentent un ensemble de descripteurs dont l'utilisation a été observée en gestion. Il appartient aux intervenants de choisir ceux qui conviennent à leurs besoins et de s'en servir comme critère. Précisons qu'un certain nombre de critères figurant au tableau suivant se mesurent par l'intermédiaire d'une mise en situation (p. ex., visualisation spatiale). Le classement est présenté selon l'ordre alphabétique.

DÉFINITIONS	INDICATEURS
Aisance numérique • Capacité de démontrer une pensée qui s'appuie sur des éléments rattachés aux mathématiques	• Utilisation rapide des modèles mathématiques simples pour faire valoir la pertinence d'une idée (règle de trois, pourcentage, etc.) • Recours au calcul mental • Présentation d'arguments par des formules simples afin de prouver leurs interrelations
Analyse (sens de l') • Capacité d'établir des relations utiles entre différents concepts	• Comparaison des données administratives de différentes sources • Interprétation des informations pertinentes
Attitude énergique • Capacité de s'exprimer avec fermeté et puissance d'action	• Degré de promptitude et de spontanéité d'un individu dans ses affirmations ou ses réponses • Degré d'animation par l'individu de la discussion en cours
Attitude à l'égard de la performance • Tendance à se fixer des standards de performance élevés dans le travail	• Recours à une conception formelle de la performance • Recours à des critères pour mesurer la performance
Autocritique • Habileté à effectuer un diagnostic personnel de ses forces et ses faiblesses	• Capacité de se décrire de manière réaliste • Propos démontrant que l'individu semble bien se connaître
Capacité de diriger • Aptitude à indiquer au groupe des directions à suivre, et à les faire accepter	• Degré auquel l'individu influence des activités • Degré auquel l'individu mérite l'approbation

Clientèle (service à la)
• Ensemble d'obligations d'un individu à l'égard de ceux qui justifient l'existence de l'organisation

• Accueil du client
• Recherche et écoute des besoins du client
• Propos considérants à l'égard du client
• Suggestions en vue d'améliorer le service
• Perception du rôle du client dans l'organisation
• Nombre de plaintes en provenance de la clientèle

Cohérence (sens de la)
• Harmonie logique entre un ensemble d'idées ou d'actions

• Consistance entre les paroles et l'agir
• Relation entre le travail exécuté et les besoins de l'organisation

Communication
• Capacité d'établir une relation valable avec les membres du groupe

• Échange verbal
• Animation et rencontres avec les employés ou autres groupes
• Rôles joués dans les comités internes ou externes

Compréhension verbale
• Capacité de concevoir clairement des énoncés complexes tant sur une base verbale qu'écrite

• Degré auquel un individu évite de faire répéter les paroles d'autrui
• Degré de discernement à l'égard de documents portés à son attention

Conflit (attitude face au)
• Comportement adopté ou perception exprimée lors d'événements contrariants relatifs aux personnes ou aux groupes

• Capacité d'obtenir la collaboration d'autrui lors de moments difficiles
• Capacité de prendre des mesures visant à prévenir ou à corriger des situations contrariantes

Connaissances
• Degré de compréhension de principes ou de techniques rattachés aux exigences du poste à pourvoir

• Capacité d'appliquer les notions rattachées aux exigences du poste
• Capacité de faire preuve de compétence clinique dans l'actualisation de sa fonction

Contrôle
• Capacité de surveiller discrètement les activités du groupe

• Souci du suivi des décisions prises ou des réunions
• Réalisation des prévisions
• Souci de voir le travail accompli
• Capacité de déceler les erreurs

DÉFINITIONS	INDICATEURS
Curiosité intellectuelle • Disposition de l'individu à se maintenir informé sur un ensemble de domaines connexes à ses activités	• Souci d'apprendre davantage • Intérêt pour les plus récents développements dans son domaine
Défi (goût du) • Attitude consistant à ne pas hésiter face à des situations en apparence difficiles qui peuvent donner des résultats positifs pour l'organisation	• Capacité de se fixer des objectifs avec un indice de difficulté élevée • Recherche ou production de nouveauté dans son travail
Délégation d'autorité • Capacité d'obtenir des résultats en comptant sur la compétence des subalternes	• Souci d'acheminer les dossiers pertinents aux personnes concernées • Souci de connaître l'opinion des subalternes avant de prendre une décision
Disponibilité • Capacité de se rendre accessible aux personnes avec qui des contacts professionnels sont nécessaires	• Témoignages de personnes ayant à contacter l'individu • Fréquence et qualité des contacts entre l'individu et ses collaborateurs
Écoute (sens de l') • Habileté à prêter attention aux messages de ses interlocuteurs	• Écoute des propos d'autrui ou des questions posées • Souci de ne pas couper indûment la parole aux autres
Empathie • Faculté de percevoir les sentiments d'autrui	• Capacité d'écouter • Disponibilité lorsque nécessaire • Tact dans les situations délicates
Engagement • Capacité de s'impliquer personnellement dans une cause	• Capacité de se concentrer sur un projet donné et de le défendre • Capacité de s'impliquer davantage si les résultats semblent difficiles à obtenir

Esprit d'équipe • Attitude consistant à faire appel aux capacités d'autrui et à partager des expériences	• Capacité de témoigner de la contribution d'autrui • Capacité de proposer des modes de fonctionnement d'équipe • Capacité de solliciter raisonnablement l'aide d'autrui
Esprit pratique • Capacité « d'opérationnaliser » des concepts en exprimant sa pensée	• Capacité de démontrer le degré d'application des théories envisagées • Capacité de faire référence aux résultats concrets d'expériences passées
Éthique (sens de l') • Valeur morale d'un individu	• Capacité de dégager son propre intérêt de celui d'autrui • Sens du devoir de l'individu
Expérience pertinente • Degré de ressemblance du ou des secteurs d'activités où la performance de l'individu a fait l'objet d'une appréciation antérieure	• Types de fonctions occupées • Temps passé dans chaque fonction
Expression verbale • Capacité d'exprimer oralement sa pensée de manière claire et précise	• Degré d'élocution ou d'expression de l'individu par rapport aux personnes de sa catégorie d'emploi • Capacité de l'individu de prendre la parole • Habileté de l'individu à illustrer sa pensée sur une base concrète, notamment par des anecdotes et des exemples
Flexibilité • Capacité de composer avec les situations	• Capacité d'ajustement en fonction des contraintes • Confiance dans les effets positifs du changement • Capacité de travailler avec des idées divergentes
Imputabilité • Responsabilités attribuées à un individu relativement à sa fonction	• Importance stratégique de la tâche d'un individu • Participation à la mission de l'organisation • Contribution attendue de l'apprécié

DÉFINITIONS	INDICATEURS
Initiative (sens de l') • Capacité d'être le premier à entreprendre des actions judicieuses	• Proposition des méthodes ou des techniques nouvelles • Démonstration d'autonomie professionnelle • Capacité de soumettre fréquemment des idées judicieuses en vue de les faire adopter
Innovation • Capacité de modifier des situations en comptant spécialement sur la pensée créative	• Capacité de trouver et de proposer des solutions nouvelles • Ouverture aux nouvelles façons de faire • Capacité d'adapter des situations aux conditions du milieu
Intérêt à l'égard du perfectionnement • Habileté à favoriser le développement de la compétence technique, administrative et humaine de ses appréciés	• Connaissance des sources de perfectionnement • Capacité de transmettre du savoir
Jugement • Capacité de tirer des conclusions en relation avec les besoins d'une situation	• Souci de considérer toutes les possibilités avant une prise de décision • Capacité de proposer des actions ou des réactions en fonction des circonstances
Leadership • Capacité d'influencer le cheminement d'un groupe d'individus	• Capacité de changer habilement le sens de la discussion ou la réorienter • Capacité de convaincre les autres de ses opinions • Habileté à émettre des idées et à les défendre avec succès • Habileté à contribuer à la cohésion interne du groupe

Mémoire • Capacité de se souvenir d'événements passés et de ce qui s'y trouve associé	• Habileté à se rappeler des idées émises antérieurement • Habileté à reformuler, pour une personne en particulier, l'idée qu'elle a développée • Habileté à se servir d'arguments transmis à un moment donné afin de faire valoir une opinion
Motivation (sens de la) • Habileté à aider les individus à exploiter leurs énergies et leurs ressources dans la réalisation de leur travail	• Promptitude à agir dans différents dossiers à l'intérieur de son aire de responsabilité • Clarté des motifs invoqués pour justifier l'action
Objectivité • Habileté à appréhender une situation et à vivre des relations avec des individus de différents groupes en faisant abstraction des préjugés sociaux	• Absence de subjectivité dans les réactions de l'individu • Propos bien argumentés
Organisation • Capacité d'agencer des activités les unes par rapport aux autres	• Suggestions de méthodes de travail • Compréhension des fonctions en relation avec les exigences de l'organisation • Méthode dans le travail
Originalité de la pensée • Capacité d'écrire ou de verbaliser ses idées de manière singulière ou de les distinguer positivement de celles émises par les autres	• Degré auquel l'individu fait avancer la discussion • Degré auquel l'individu suscite de nouveaux propos ou thèmes de discussions
Participation • Attitude consistant à prendre part aux projets et, de manière générale, à la vie de travail dans l'organisation	• Fréquence et contenu des rencontres avec les employés • Collecte des opinions des membres du groupe de travail

DÉFINITIONS	INDICATEURS
Perception (rapidité de) • Capacité de voir et de saisir les détails d'une situation en peu de temps	• Compréhension rapide du contenu des dossiers qui lui sont présentés • Propos démontrant une perception des éléments qui échappaient jusque-là à la connaissance des autres, en fournissant notamment des précisions additionnelles pertinentes
Perfectionnement (développement) • Amélioration du savoir-être ou du savoir-faire	• Actions concrètes pour développer davantage sa performance (lectures, cours formels, etc.) • Initiatives réalisées pour soutenir le développement d'autrui (p. ex., ses employés)
Perspicacité • Habileté à déceler rapidement ce qui n'est pas évident et à le situer dans un ensemble beaucoup plus vaste	• Extrapolation d'une situation • Situation particulière transposée dans un contexte plus vaste • Pensée globale (ne cherche pas à tout expliquer par l'anecdote)
Planification • Capacité de déterminer des objectifs précis et de les mettre en œuvre	• Degré de fixation d'objectifs avec délais d'exécution • Identification d'indicateurs afin de livrer une idée exacte du message exprimé • Degré auquel l'individu prépare le travail à accomplir
Polyvalence • Habileté à choisir parmi une gamme de comportements personnels et professionnels en fonction de ses objectifs	• Souplesse dans les propositions avancées • Aptitude à soumettre plusieurs solutions à un problème
Positivisme • Capacité de présenter une idée concrètement avec un effet recherché	• Tact dans ses relations • Compréhension constante des autres • Pensée positive dans ses propos

Prise de décision • Action consistant à appliquer concrètement une ou des intentions en temps opportun	• Capacité de tenir compte des exigences dans l'action • Aptitude à évaluer les causes et leurs effets, distinguer les deux • Capacité d'appliquer un choix
Productivité • Rapport entre la quantité de biens ou de services produits et les moyens choisis pour y parvenir	• Évolution du coût de la main-d'œuvre • Présence d'indicateurs divers liés à la quantité d'unités produites par rapport au temps de production
Recherche d'informations additionnelles • Capacité d'ajouter ou dépasser la problématique exposée	• Capacité de préciser sa pensée de manière exhaustive • Aptitude à obtenir des renseignements de sources différentes et originales dans la préparation ou la poursuite d'une action
Résistance au stress • Capacité de composer avec la dimension stressante d'une situation	• Absence d'inquiétudes dans les propos • Absence d'hésitation dans la voix • Absence d'anxiété dans les gestes
Responsabilités (sens des) • Capacité de répondre de ses actions et, selon les circonstances, de celles des autres	• Degré d'implication antérieure dans les sujets exposés • Aptitude de l'individu à discuter à partir de problèmes sur lesquels il peut lui-même exercer du pouvoir • Degré auquel l'individu agit sur un problème, au lieu de réagir aux propos d'autrui
Sociabilité • Habileté à personnaliser les relations qu'il entretient avec ses collaborateurs	• Degré auquel l'individu partage ses expériences avec ses collègues • Degré auquel l'individu fait preuve de commerce agréable avec les autres
Stabilité émotionnelle • Capacité de faire preuve d'équilibre et de constance dans l'expression de ses sentiments	• Réaction positive de l'individu lors d'une situation à haute intensité énergétique • Comportement prévisible

DÉFINITIONS	INDICATEURS
Synthèse • Capacité de regrouper promptement les éléments d'un problème	• Établissement des liens logiques entre les composantes d'une situation • Capacité de comparer et de classer les éléments d'une situation, puis de les identifier
Ténacité • Capacité de persister lors de difficultés	• Habileté à trouver une solution à un problème même si cela semble *a priori* difficile • Capacité de faire l'effort additionnel requis pour résoudre une situation compliquée
Tolérance à l'ambiguïté • Habileté à œuvrer efficacement dans des conditions caractérisées des éléments tels que des communications insuffisantes ou l'imprécision de la structure et des rôles	• Rôles passés de l'individu • Aptitude à clarifier une situation imprécise
Vision • Capacité d'imaginer un futur stimulant et réaliste	• Proposition de projets contribuant à l'avancement de l'organisation • Aptitude à savoir définir des besoins et à proposer les actions utiles pour les satisfaire, tout au moins partiellement • Capacité d'organiser le travail en fonction d'une vision réaliste du futur
Visualisation spatiale • Capacité de percevoir des formes et d'en tenir compte dans le temps	• Aptitude à reproduire facilement des formes • Aptitude à transformer des formes en tenant compte de certaines conditions particulières • Aptitude à aménager l'espace utilisé par des desseins ou autrement afin de satisfaire des besoins particuliers de la clientèle (p. ex., aménagement d'une salle d'attente) • Aptitude à décrire aisément l'environnement physique avec des détails appropriés

■ BIBLIOGRAPHIE

Antonioni, D. (1994). « The effects of feedback accountability on upward appraisal ratings », *Personnel Psychology,* vol. 47, p. 349-356.

Ballet, J. et F. DeBry (2001). *L'entreprise et l'éthique,* Paris, Éditions du Seuil, 405 p.

Balicco, C. (1997). *Les méthodes d'évaluation en ressources humaines,* Paris, Éditions d'Organisation, 342 p.

Bass, B.M. et B.J. Avolio (1993). *Improving organizational effectiveness through transformational leadership,* Newbury, Sage Publications, p. 2, chap. 2.

Bazinet, A. (1980). *L'évaluation du rendement,* Montréal, Éditions Agence d'Arc, 147 p.

Becker, B.E. et M.A. Huselid (1998). « High performance work systems and firm performance : A synthesis of research and managerial implications », *Research in Personnel and Human Resources Management,* vol. 16, JAI Press, p. 53-101.

Bernatchez, J.C. (1982). *La sélection du personnel par simulation : une approche à l'intention des cadres,* Montréal, Éditions Agence d'Arc, 130 p.

Bernatchez, J.C. (2002). *La convention collective : la négocier, l'interpréter et l'appliquer,* Sainte-Foy, Presses de l'Université du Québec, 451 p.

Beuningen, C.V. (2001). «L'entrepreneuriat éthique», dans J. Lemaire et C. Wachtelaer, *L'éthique des affaires,* Bruxelles, Éditions de l'Université de Bruxelles, p. 104-106, 122 p.

Black, J.S. et H.B. Gregersen (1997). «Participative decision making : An integration of multiple dimensions», *Human Relations,* vol. 50, p. 859-878.

Bowman, J. (1994). «An alternative to performance appraisal : Total quality management», *Public Administration Review,* vol. 54, p. 129-136.

Boyett, J.H. et H.P. Conn (1988). *Maximum performance management,* GLPL, Gleenbridge, 450 p.

Bracken, D.W. (1994). «Straight talk about multirater feedback», *Training and Development,* vol. 48, p. 44-51.

Bracken, D.W. (1996). «Multisource (360 degree) feedback : Surveys for individual and organizational development», dans A.I. Kraut (dir.), *Organizational surveys : Tools for assessment and change,* San Francisco, Jossey-Bass, p. 117-143.

Brutus, S., J.W. Fleenor et M. London (1998). «Elements of effective 360 degree feedback», dans W.W. Tronow et M.London (dir.), *Maximizing the value of 360 degree feedback : A process for successful individual and organizational development,* San Francisco, Jossey-Bass.

Cadin, L., F. Guérin et F. Pigeyre (1997). *Gestion des ressources humaines,* Paris, Dunod, 334 p.

Carson, K., R. Cardy et G. Dobbins (1991). «Performance appraisal as effective management or deadly management disease : Two initial empirical investigations», *Group and Organizational Studies,* vol. 16, p. 143-159.

Cascio, W.F., J.W. Thacker et R. Blais (1999). *La gestion des ressources humaines,* Montréal, Chenelière-McGraw-Hill, 625 p.

Cederblom, D. (2002). «From performance appraisal to performance management», *Public Personnel Management,* vol. 31, n° 2, p. 131-140.

Chang, R.Y. et P.K. Kelly (1995). *Progresser avec l'étalonnage,* Paris, Les Presses du Management, 124 p.

Cohen, S.G. et G.E. Ledford Jr. (1994), « The effectiveness of self-managing teams : A quasi experiment », *Human Relations*, vol. 47, n° 1, p. 13-43.

Conway J.M. et A.I. Huffcutt (1996). « Testing assumptions of 360 degree feedback : A meta analysis of supervisor, peer, subordinate and self-ratings », conférence présentée lors du onzième congrès annuel de la Société de Psychologie industrielle et organisationnelle, San Diego, CA.

Côté, J. et E. Boutet (1996). *Rémunération variable : fondements et impacts*, Montréal, Institut de recherche et d'information sur la rémunération, 33 p.

Cropanzano, R. et J. Greenberg (1997). « Progress in organizational justice : Tunneling through the Maze », dans C.L. Cooper et I. Robertson (dir.), *International Review of Industrial and Organizational Psychology*, New York, Wiley.

Csoka, L. (1994). *Closing the human performance gap : A research report,* The Conference Board, Rapport n° 1065-94-RR.

Dalessio, A.T. (1996). « Review of 20/20 insight », *Personnel Psychology,* vol. 49, p. 1050-1056.

Dalton, M. (1996). « Multirater feedback and conditions for change », *Consulting Psychology Journal,* vol. 48, p. 12-16.

Davis, J.H. (1993). « Quality management and compensation », *ACA Journal*, vol. 2, n° 2, p. 56-73.

Desjardins, J.R. et J.J. McCall (2000). *Contemporary justice in business ethics*, Belmont, CA, Wadsworth, 555 p.

Dobbins, C. (1994). *Performance appraisal : Alternative perspectives,* Cincinnati, South Western Publishing, 440 p.

Dominik, P.G., R.R. Reilly et J.W. McGourty (1997). « The effects of peer feedback on team member behavior », *Group and Organization Management,* vol. 22, p. 508-520.

Dunnette, M.D. (1976). « Aptitudes, abilities, and skills », dans M.D. Dunnette (dir.), *Handbook of industrial and organizational psychology,* Chicago, Rand McNally, p. 473-520.

Dunphy, D. et B. Bryant (1996). « Teams : Panaceas or prescriptions for improved performance ? », *Human Relations,* vol. 49, n° 5, p. 667-699.

Dyer, W. (1995). *Team building : current issues and new alternatives,* Reading, Mass., Addison-Wesley, 420 p.

Flannery, T.P., D.A. Hofrichter et P.E. Platten (1996). *People, performance and group : The Hay system,* New York, The Free Press, 98 p.

Fleenor, J.W. C.D. McCauley et S. Brutus (1996). «Self-other rating agreement and leader effectiveness», *Leadership Quarterly,* vol. 7, p. 487-506.

Gabris, G.T. et D.M. Ihrke (2000). «Improving employee acceptance toward appraisal and merit pay systems: The role of leadership credibility», *Review of Public Personnel Administration,* vol. 20, n° 1, p. 41-53.

Galambaud, B. (1983). *Des hommes à gérer,* Paris, Entreprise moderne d'édition, 172 p.

Gannon, M.J. (1988). *Managing for results,* Boston, Allyn & Bacon, 680 p.

Gawron, V.J. (2000). *Human performance measures handbook,* L. Erlbaum, Hillsdale, N.J., 188 p.

Gilliland, W. et J.C. Langdon (1998). «Creating performance management systems that promote perceptions of fairness», dans J.W. Smither, *Performance appraisal,* San Francisco, Jossey-Bass, p. 209-243, 579 p.

Gomez-Mejia, L.R. et T.M. Welbourne (1988). «Compensation strategy: an overview and future steps», *Human Resources Planning,* vol. 11, n° 3, p. 173-189.

Gosselin, A. et S. Saint-Onge (1998). «Gestion de la performance au travail», *La performance au travail*», Montréal, coll. «Racines du savoir», Gestion, revue internationale de gestion, p. 2-7, 271 p.

Gouvernement du Canada (2000). *L'équipe: comment en tirer avantage: Guide,* Ministère des Affaires indiennes et du Nord canadien, Ottawa.

Greller, M.M. (1998). «Participation in the performance appraisal review: Inflexible manager behavior and variable worker needs», *Human Relations,* vol. 50, p. 859-878.

Greenberg, J. (1986). «Determinants of perceived fairness in performance evaluation», *Journal of Applied Psychology,* vol. 71, p. 340-342.

Greenberg, J. (1990). «Employee theft as a reaction to underpayment inequity: The hidden costs of pay cuts», *Journal of Applied Psychology,* vol. 64, p. 349-371.

Greenwood, M.R. (2002). «Ethics and HRM: A review and conceptual analysis», *Journal of Business Ethics,* vol. 36, n° 3, p. 261-278.

Gross, S.E. (1995). «Reinforcing team effectiveness through pay», *Compensation and Benefits Review,* vol. 27, n° 5, p. 34, 5 p.

Gruner, S. (1997). «Feedback from everyone: A 360 degree performance review, a silly fad or smart management tool», *Inc.,* vol. 19 n° 2, p. 102-103.

Guion, R.M. (1980). «On trinitarian doctrines of validity», *Professional Psychology*, vol. 11, p. 385-398.

Guion, R.M. (1998). *Assessment, measurement and prediction for personnel decisions*, Mahwah, N.L., Lawrence Erlbaum Associates.

Handy, L., M. Devine et L. Heath (1999). *Le 360 degrés : un outil pour développer les managers*, Paris, INSEP Éditions, 181 p.

Higgins, T. (1983). «Effort after meaning in personnel evaluation», dans F. Landy, S. Zedeck et J. Cleveland, *Performance measurement and theory*, Hillsdale, N.J., Lawrence Erlbaum Ass. Pub., 396 p.

Irani, Z. et J. Sharp (1997). «Integrating continuous improvement and innovation into a corporate culture : A case study», *Technovation*, vol. 17, n° 4, p. 199-206.

Jones, Steven D. et Don J. Schilling (2000). *Measuring team performance*, San Francisco, Jossey-Bass.

Kinlaw, D.C. (1997). *Adieu patron : bonjour coach : promouvoir l'engagement et améliorer la performance*, Montréal, Éditions Transcontinentales, 186 p.

Konovski, M.A. et J. Brockner (1993). «Managing victim and survivor layoff reactions», dans R. Cropanzano (dir.), *Justice in the workplace : Approaching fairness in human resource Management*, Hillsdale, N.J., Lawrence Erlbaum Associates, p. 171-192.

Ladrière, J. (2001). *Les enjeux de la rationalité*, Montréal, Éditions Liber, 233 p.

Lalonde, C. et C. Lamarre (2000). *La rémunération variable, fréquence et caractéristiques selon les secteurs*, Montréal, Institut de la statistique du travail, 33 p.

Lance, C.E., M.S. Teachout et T. Donnelly (1992). «Specification of the criterion construct space: An application of hierarchical confirmatory analysis», *Journal of Applyed Psychology*, vol. 77, n° 4, p. 437, 16 p.

Latham, G.P. et K.N. Wexley (1994). «Behaviorial observation scales for performance appraisal», *Personnel Psychology*, vol. 30, p. 255-268.

Lawler, E.E. (1994). «Performance management: The next generation», *Compensation and Benefits Review*, vol. 26, n° 3, p. 16-19.

Lawler, E.E., G.E. Ledford et L. Chang (1993). *Employee involvement and total quality management: Practices and results in Fortune 1000 companies*, San Francisco, Jossey-Bass.

Le Boterf, G. (2001). *Construire les compétences individuelles et collectives*, Paris, Éditions d'Organisation, 218 p.

Lefèvre, M. (1993). *La performance des organisations québécoises : du discours à la réalité,* Montréal, Publication Publi-Relais.

Le Tourneau, P. (2000). *L'éthique des affaires et du management au XXIᵉ siècle,* Paris, Dalloz, 269 p.

Levi, D. (2001. *Group dynamics for teams,* Thousand Oaks, Sage Publications, 362 p.

Lévy-Leboyer, C. (1990). *Évaluation du personnel : quelles méthodes choisir ?,* Paris, Éditions d'Organisation, 208 p.

Locke, E.A., D.M. Schweiger et G.P. Lathan (1986). « Participation in organizational decision making », *Organizational Dynamics,* vol. 14, nº 3, p. 65-79.

London, M. et A.J. Wohlers (1991). « Agreement between subordinate and self-ratings in upward feedback », *Personnel Psychology,* vol. 44, p. 375-390.

London, M. et J.W. Smither (1995). « Can multisource feedback change perceptions of goal accomplishment, self-evaluations, and performance related outcomes ? », *Personnel Psychology,* vol. 48, p. 803-839.

Lorsch, J.W. (1987). *Handbook of organizational behavior,* Englewood Cliffs, N.J., Prentice-Hall, 430 p.

Mani, B.G. (2002). « Performance appraisal systems, productivity and motivation : A case study », *Public Personnel Management,* vol. 31, nº 2, p. 141-159.

Mantz, C.C. et H.P. Sims (1993). *Business without bosses : How self-managing teams are building high performance companies,* New York, Wiley.

Mathews, J. (1994). « Do job reviews work ? », *Washington Post,* p. H1-H4.

McCabe, D.M. et J.M. Rabil (2002). « Administering the employment relationship : The ethics of conflict resolution in relation to justice in the workplace », *Journal of Business Ethics,* vol. 36, nᵒˢ 1-2, p. 33-38.

McConnell, C.R. (1991). « In search of health care measurement in performance appraisal », *The Health Care Supervisor,* vol. 1, nº 2, p. 69, 19 p.

McCrae, R.R. et P.T. Costa (1966). « Toward a new generation of personality theories : Theorical contexts for the five-factor model », dans J.S. Wiggins (dir.), *The five-factor model of personality : Theoretical perspectives,* New York, Guilford Press, p. 51-87.

Moorman, R.H. (1991). «Relationship between organizational justice and organizational citizenship behaviors: Do fairness perceptions influence employee citizenship?», *Journal of Applied Psychology*, vol. 76, p. 845-855.

Moulinier, R. (1998). *L'Évaluation du personnel: pour la démocratie dans l'entreprise*, Paris, Top Éditions, 175 p.

Moussé, J. (2001). *Éthique des affaires: liberté, responsabilité*, Paris, Dunod, 174 p.

Organisation de coopération et de développement économiques (1997). *En quête de résultats: pratiques de gestion des performances*, Paris, 145 p.

Otley, D. (1992). «United Bank: A case study on the implementation of a performance related reward scheme», dans W.D. Bruns, *Performance measurement, evaluation and incentives*, Boston, Harvard Business Press, p. 97-121, 310 p.

Pauchant, T.C. *et al.* (2000). *Pour un management éthique et spirituel*, Montréal, Éditions Fides-Presses HEC, 418 p.

Peretti, J.M. (2001). *Ressources humaines*, Paris, Vuibert, 585 p.

Peters, T. et R. Wateman (1983). *Le prix de l'excellence*, Paris, InterÉditions, 359 p.

Petit, A., L. Bélanger, C. Benabou, R. Foucher et J.L. Bergeron (1993). *Gestion stratégique et opérationnelle des ressources humaines*, Boucherville, Gaëtan Morin Éditeur, 779 p.

Pettersen, N. (2000). *Évaluation du potentiel humain dans les organisations: élaboration et validation d'instruments de mesure*, Sainte-Foy, Presses de l'Université du Québec, 374 p.

Pfeffer, J. (1994). *Competitive advantage through people*, Boston, Harvard Bussiness School Press, 281 p.

Reilly, R.R. et J. McGourty (1998). «Performance appraisal in team setting», *Performance Appraisal*, San Francisco, Smither, Jossey-Bass.

Rothwell, S. (1993). «Human resource management: Changing patterns of performance management», *Manager Update*, vol. 5, n° 1, p. 18-31.

Saint-Onge, S. (1998). «Reconnaître les performances», dans *La performance au travail*, Montréal, *Gestion, Revue internationale de gestion*, p. 196-217, 271 p.

Salas, E., T.L. Dickin, S.A. Converse et S.L. Tannenbaum (1992). «Toward an understanding of team performance and training», dans R.W. Swezey et E. Salas, (dir.), *Teams: Their and Performance*, Norwood, N.J., Ablex, p. 3-29.

Schneider, N. et N. Schmitt (1986). *Staffing organizations*, Glenview, Ill., Scott, Foresman and Company.

Siegel, L. et M.L. Irving (1974). *Psychology in industrial organizations*, Homewood, Richard D. Irwin, 556 p.

Smith, D.E. (1986). «Training programs for performance appraisal: A review», *Academy of Management Review*, vol. 11, p. 22-40.

Smither, J.W. (1998). *Performance appraisal: State of the art in practice*, San Francisco, Jossey-Bass Publications, 579 p.

Solymossy, E. et J.K. Masters (2002). «Ethics through an entrepreneurial lens: Theory and observation», *Journal of Business Ethics*, vol. 38, n° 3, p. 227-240.

Sparrow, P.R., et M. Bognanno (1993). «Competency requirement forecasting: Issues for international selection and assessment», *International Journal of Selection and Assessment*, vol. 1, p. 50-58.

Spencer, L.M. et S.M. Spencer (1993). *Competence at work*, New York, John Wiley.

Stevens, M. J. et M.A. Campion (1994). «The knowledge, skill, and ability requirements for teamwork: Implication for human resource management», *Journal of Management*, vol. 20, p. 503-530.

Veroff, J. (1983). «Contextual determinants of personality», *Personality and Social Psychology Bulletin*, vol. 9, p. 331-344.

Viswevaran, C. et S.D. Ones (2002). «Examining the construct of organizational justice: A meta analysis of relations with work attitudes and behaviors», *Journal of Business Ethics*, vol 38, n° 3, p. 193-203.

Wageman, R. et G. Baker (1997). «Incentives and cooperation: The joint effects of task and reward interdependence on group performance», *Journal of Organizational Behavior*, vol. 18, p. 139-158.

Waldman, D.A. (1997). «Predictors of employee preferences for multi-rater and group-based performance appraisal», *Group and Organisation Management*, vol. 22, p. 264-287.

Yammarino, F.J. et L.E. Atwater (1997). «Do managers see themselves as others see them? Implications of self-other rating agreement for human resources management», *Organizational Dynamics*, printemps, p. 35-44.

Yukl, G. et R. Lepsinger (1995). «How to get the most out of 360 degree feedback», *Training*, vol. 32, p. 45-50.

Zarifian, P. (2001). *Le modèle de la compétence*, Paris, Éditions Rueil-Malmaison, 114 p.

■ INDEX

MEMBRE DU GROUPE SCABRINI

Québec, Canada
2005